蒋百里讲欧洲文艺复兴史

蒋百里 著

百花洲文艺出版社
BAIHUAZHOU LITERATURE AND ART PRESS

图书在版编目（CIP）数据

蒋百里讲欧洲文艺复兴史 / 蒋百里著 . -- 南昌：百花洲文艺出版社，2020.9
（2023.9 重印）
ISBN 978-7-5500-3795-3

Ⅰ . ①蒋… Ⅱ . ①蒋… Ⅲ . ①文艺复兴—历史—欧洲Ⅳ . ① K503

中国版本图书馆 CIP 数据核字（2020）第 139482 号

蒋百里讲欧洲文艺复兴史

蒋百里　著

出 版 人　陈　波
责任编辑　胡青松
特约编辑　何　薇　叶青竹
书籍设计　刘昌凤
出版发行　百花洲文艺出版社
社　　址　南昌市红谷滩世贸路 898 号博能中心一期 A 座 20 楼
邮　　编　330038
经　　销　全国新华书店
印　　刷　北京众意鑫成科技有限公司
开　　本　880mm×1230mm　1/32　印张　5
版　　次　2020 年 9 月第 1 版
印　　次　2023 年 9 月第 2 次印刷
字　　数　62 千字
书　　号　ISBN 978-7-5500-3795-3
定　　价　59.80 元

赣版权登字　05-2020-119
邮购联系　0791-86895108
网　　址　http://www.bhzwy.com
图书若有印装错误，影响阅读，可向承印厂联系调换。

《大师讲堂》系列丛书
▶ 总序

/吴伯雄

梁启超说："学术思想之在一国，犹人之有精神也。"的确，学术的盛衰，关乎一个民族的精神气象与文化氛围。民国是一个动荡不安的时代，内忧外患，较之晚清，更为剧烈，中华民族几乎已经濒临亡国灭种的边缘。而就是在这样日月无光的民国时代，却涌现出了一批批大师，他们不但具有坚实的旧学基础，也具备超前的新学眼光。加之前代学术的遗产，西方思想的启发，古义今情，交相辉映，西学中学，融合创新。因此，民国是一个大师辈出的时代，梁启超、康有为、严复、王国维、鲁迅、胡适、冯友兰、余嘉锡、陈垣、钱穆、刘师培、马一孚、熊十力、顾颉刚、赵元任、汤用彤、刘文典、罗根泽……单是这一串串的人名，就足以使后来的学人心折骨惊，高山仰止。而他们在史学、哲学、文学、考古学、民俗学、教育学等各个领域所取得的成就，更是创造出了一个异彩纷呈的学术局面。

岁月如轮，大师已矣，我们已无法起大师于九原之下，领教大师们的学术文章。但是，"世无其人，归而求之吾书"（程子语）。

大师虽已远去，他们留下的皇皇巨著，却可以供后人时时研读。时时从中悬想其风采，吸取其力量，不断自勉，不断奋进。诚如古人所说："圣贤备黄卷中，舍此安求？"有鉴于此，我们从卷帙浩繁的民国大师著作当中，精心编选出版了这一套《大师讲堂》系列丛书，分辑印行，以飨读者。原书初版多为繁体字竖排，重新排版字体转换过程当中，难免会有鲁鱼亥豕之讹，还望读者不吝赐正。

吴伯雄，福建莆田人，1981 年出生。2003 年考入福建师范大学古代文学研究系，师从陈节教授。2006 年获硕士学位。同年 9 月考入复旦大学中文系古代文学专业，师从王水照先生。2009 年 7 月获博士学位。同年 9 月进入福建师范大学文学院古代文学教研室工作。推崇"博学而无所成名"。出版《论语择善》(九州出版社)、《四库全书总目选》(凤凰出版社)。

目录

第一章 总论

Renaisance 直译为"再生"，东译为"文艺复兴"。欧洲史家，于此"再生"之原文字义，亦多有言其不适者；今姑存其旧名，为当时诸民族运动之一种代表符号。而为叙述便利计，则分广狭二义言之。

狭义为美术上之文艺复兴，即中古时代之美术，受希腊、罗马（后总称为古典）艺术上之影响；而大放光明之谓。十二世纪之美术，不知全体学，颜面虽有活气，而手足细长，缺均整之美；不知距离法，故远近大小之投影不明了。盖以宗教上轻视现世之风，其弊也，乃对于自然界不能下深沉之观察。迨十五世纪而文西 Leonard de Vinci（达·芬奇）、而米格安治 Michelange Buonarroti（米开朗基罗）、而拉飞耳 Raphael Sanzio（拉斐尔）三人出，则于"神""人"之际会其通：不弃人而言神，而藉人以显神；不尊灵而弃物，而藉物以识灵。于是美术界成空前绝后之观。此种运动，始于十五世纪佛落兰 Florence（佛罗伦萨）市，而结束于十六世纪威尼斯 Venis；于伊大利为极盛，次及于法，及于德国南部。迨十七世纪，乃北及于荷兰；惟北德与瑞典、那威（挪威），则未受其影响。是为美术上之文艺复兴。

此种美术上之改革，盖亦非一朝一夕之故。中世纪北派峨特式 Gothique（哥特式）美术，由教堂而进建墓碑，已有刻象以为纪念者；则自然写真之萌芽也。其流入于北欧者，则因放肆而变为凡庸；入于南欧者，则经古典艺术（即希腊、罗马之艺术下仿此）之洗练陶镕，而神妙乃出。故美术家认古典为文艺复兴之师，而非其母，有由然也。

广义为思想上及文学界之文艺复兴。十五世纪为伊大利，十六世纪为法国，不仅思想变，乃至于性情云为，亦无一而不变。中古人支配于宗教观念，轻现世，重来世；言灵魂，轻物质；言刻苦、禁欲，斥美术。虽然，官能者，有生之所同具也！难以寂聊僧院之深，其爱好天然之声，时或随神秘之晨钟，越高墙而腾乎大地。观于中世纪之传奇，如法之《奥古圣与尼各来》 *Aucassin et Nicolatte*（《奥卡森和尼科莱特》），德之《但忽纯》*Tanhauser*（《汤豪塞》）犹为后世传奇派言情之绝好材料，可见也。故一经刺激，而伏流乃涌，知有生之可乐而美术观念强。此其一也。

中古时个性不发达，其个人生活附属于团体以自存，精神上有宗教之束缚，物质上受封建制度之压迫。迨市府之兴，武士衰而市民之权张，则个性之观念强，即团体生活——依个人生活为根据。此其二也。

故以广义言，研究文艺复兴，即研究欧洲现代文化之由来是也。惟应注意之点有三：

一 不可有成见

人动谓中世纪为黑暗时代，此则仅指教会封建之压迫言耳，其实如法国圣路易时代，其文化亦曾大放光明，不过因百年战争而遂衰歇耳。可知文艺复兴，一方面对于中古为继承的，非突发的；一方面对于古典，为创造的，非模仿因袭的也。

二　不能专注重伊大利

伊大利固为文艺复兴之源，然北欧人之事业亦大有可纪者，社会政治之组织与伊大利之关系较浅。

三　不可专注意美术文学

民族生活，不仅在美术文学，如政治科学之进步，亦当研究其关系，不过美术文学为当时生活之反影，研究者当藉影以求其本体。

十三世纪之欧洲社会，为单纯统一的。政治上无国界，学说上无异宗，一一统率于教皇之下。社会之组织亦一律。政治上之机能为封建，道德之标准为基督。迄十五世纪则此局破，而各民族之特性，渐渐为一种具体之表现，而形成南北二宗。南宗为伊大利，北宗为英、德、法。是时北则继承中古文明而更发达，南则复希腊、罗马之古而成中古文明之反动。

北欧文明之中心，在佛兰达 Flandre（弗兰德）及其附近。勃鲁格 Bruges（布鲁日）为商业之中心，根特 Gand、鲁燔 Louvin（鲁汶）之繁盛，亦不亚于佛洛兰（佛罗伦萨）市。惟当时无大史家，故乏记载。其精美之制作，繁华之建筑，经兵燹而日衰（经十六世纪之圣像破坏党毁坏者最多，非考古家之勤为搜讨，则其盛况几湮灭不彰矣）。非若南欧，有史家为之记载，易为后人所颂祷也。

南北之性情不同，故文化之表现亦异。北欧沉郁真挚，故宗教之信仰深，且为基督原始时代之信仰。于教皇之仪式的宗教，不甚注意；于文艺复兴时代教皇奢侈华美之风，尤为反对。以此故，遂演成宗教改革 Reformation，则直可谓北欧之文艺复兴也。

北欧人重实际生活，故极其爱家族、爱国家、爱故乡、爱习惯之情，而成一种乡土观念；此观于荷兰之画与雕刻，能表现其本地人之特别生活与感情者，可见也。反之，南欧之艺术则为普遍的。

近世政治社会之组织，实为北欧人所创造。民族统一、国家统一之观念，则法人创之。人民自由，则英法人共倡之。此则创造而非复古也。

北人富于创造力，其事实多出于自动，当时有三大发明：

一　油画

油画以其色之原料，不易于互渗，而色泽浓淡之差甚著；故于光、影、阴等极复杂之变化，能任意表现之，而用益广。十四世纪之中叶，发明于荷兰，至望爱克 Von Eyck（凡·艾克）而大成。

二　木雕

初以画圣像太难，以木雕者代之。后则各种装饰品随之起，始于比利时，盛于德国。

三 印刷

发明于德人哥登堡Guttenberg（谷登堡），初印《圣经》，政府以为伪造也，禁之；后乃流传至威尼斯而大盛，则于知识之传播生大影响矣。

是时依十字军之赐，商工业已极发达，南北二方于物质上享用之欲求日益增。于是求辟新地，而印度遂为欧人理想之黄金国。然南欧人依其历史之关系求之于东，北人则依其理想求之于西。于是美洲发见，遂为十五世纪空前之事业。哥伦布、西班牙、葡萄牙，其人其地虽皆为南，而文化思想，则实受北方之影响也。

要之，十五世纪中，北欧中欧之政治、社会、经济、宗教均独立发展，未受南人及古典之影响。而其方向已日趋于近世的。惟其缺点有二：一为文学上无一定之主义以指导其思想，一为美术上无善美之形式以发达其情感。是二者则势不得不求益于南人。

南欧于中古为教权极盛时代，而伊大利承罗马人之后，其非宗教之分子甚多，伏流亦不弱。故其复古也，实民族之特性与历史之关系使然也。

是时，发达最盛者为佛洛兰（佛罗伦萨）及威尼斯二州，自商工业以至政治之组织、社会之生活，凡人类活动之事业，无不为空前之发展。其复杂生活之结晶，则现之于文学、于美术。其盛况亘二百年之久，其情状亦非可以一语了之，顾此番变运动之精神上发端，则实起于复古。

是时醉心希、罗之风，几成为热狂。彼脱拉Pétraryue（彼特拉克）言拉丁文必为将来统一之世界语，而巴克Pogge（波焦）责但丁不以拉丁文著书，朴加斯Boccace（薄伽丘）言诗才美术当以古典为宗，马基雅弗利Machiavel（马基雅维利）之卫队，俱服罗马之古装。乃至一般公私之生活，自起居饮食，乃至于姓名，亦有改用希腊罗马字者，此风至十五世纪达最高度，一般人均承认之。所谓人文派者Humanism是也。

南北二种文化，以商业为媒介而互为交通。十六世纪前威尼斯与汉堡Hambŭrg、但切Danzig（但泽）间已有定期航路。至十六世纪下半期，则南北文化实成互助之形。日耳曼弗拉孟（弗拉芒）人有留学于伊大利，而北方之画与雕刻亦输入于南方。伊（意）人当时亦并不轻视北方文化，如拉勃来 Labelais（拉伯雷）所讥为雾围文化 Nord fut enveloppé d'un brovillard gothique 者。

法国处南北二种文化之间，当十五世纪时，南派正当萌芽，北派亦未曾衰歇［法人受北化甚久，当佛兰特兵燹之时，法王族尚领有提农 Dijon（第戎）及柏鲁格 Bruges（布鲁日）；时北方文化未衰，而与伊大利亦有关系，一为商人之贸易，一为君主之联姻，故中古文明与古典文明，二者均为法人所重］，处可以调和之地，又当可以调和之时，而竟不能尽调和之责者，则战争为之梗也。时英法之战亘四十余年，故精力衰歇，而文化大堕，此真读史者所为扼腕不止者也。

千四百十五年英法战争之起也，国民之生计无论矣，即旧有之美术品亦散之四方，文学亦一变而为犷野。平和以还，小形美术 Miniaturiate 派之风尚稍变，至十五世纪中叶而有约翰孚格 Jeon Fouyuet（让·富凯）则几如硕果，而以较当世如火如荼之伊大利则瞠乎后矣。

千四百九十四年法军侵伊（意），以北方之刻苦，经南国之华奢，则以为人生之至美者莫如伊（意），而汲汲焉效之惟恐或后。当其始其文化之精者，未能领会也，徒慕其外观华美而已。继乃及于精神界；而古典文学以兴。于是文艺复兴之事业，乃由法而波及全欧。

伊（意）法之役，政治上为法人干涉伊（意）人之始，文化上为伊（意）人征服法人之始。北人较南人为深沉，其对于外来之文化抵抗较强。惟法于战后，元气衰歇，故十五世纪之后完全为南方所同化。其结果有二：一为美术观念之发达，一为古典文学之游行。然法人因此中古文化遂以中断。而人民分为识字与不识字之二阶级，是其弊也。

第二章 伊大利*之文艺复兴（上）

所谓文艺复兴者，有复古之义；而事实上则分为二种：一为脱离宗教关系，一为发生新理想之生活。惟欲知其发生之由来，则当时形势，有不能不先为详述者：

一　政治

当时政治上有三种人物，其生活皆与宗教不能并存者。

---

* 即意大利。

甲曰君主　　即各市之似君主非君主、似总统非总统，以武力金钱自致之首领是也。而其间最足研究者，为佛洛兰（佛罗伦萨）及米兰二市之首领，此种统治者之性质，与封建之诸侯异，与英、法之君主亦异。盖诸侯君主或称天以治，或依世袭而得，其权皆得自天然；而此则全恃金力或武力，以功业自致显位；其权得自自己之创造。其武力成功之代表者，为米兰市首领。

米兰本为共和政治，为朗摆地 Rombardi（伦巴第）地方之霸者；先是帝党（政治）皇党（教皇）之冲突也，市内各豪族之党争甚烈；一三九五年，维斯根底 Visconti（维斯孔蒂）族，既握政权，献金于帝，遂得公爵。至一四四七年，又革命，立佣兵大将司伏亚 Francesco Sforza（斯福尔扎）为米兰公，以雄武闻者也。其金力成功之代表者为佛洛兰（佛罗伦萨）市首领，初亦为共和政治，有哥斯姆·梅提西 Cosmo de Medici（科西莫·德·美第奇）者，银行家也，以巨富称；其为人聪明高洁，得人民之信仰，遂握政权，名曰共和，实则专制也。祖孙三代，相继为政，外交则维持各市之势力平均，内治则奖励文艺美术。其孙后以政略故，屡与教皇冲突，而卒以外援定其位，则以文治成功者也。

当时文学家马基雅弗利（马基雅维利）著书曰《帝王论》*Le Prince*（《君主论》），实当时之纪实文也。中有云"道德者何，成功而已矣。帝王能力有二种：一曰狮，言武力也；一曰狐，言诈术也。而成功之基础，在忍耐（今日不成，期以明日）、在残忍（宁我负人，毋人负我）。所贵乎人者，非王则寇，决不为中间人物"。即罗马之该撒（凯撒）主义是也。拿破仑最发挥之，为极端之个人主义。此种思想普及于一般社会，故人皆重武力，尚欺诈。有一少年曰，我不畏死，惟求名誉永存！有无故杀人于市者，则誉之曰勇士！不得以寻常法律道德律其罪！

乙曰军人　即佣兵，实即盗也。当时人民不得有武器，而盗则有之，且多财，以战争为其专门职业，可以随时雇佣，两军相持，视金钱之多少以为军队之向背者，史颇有之。千四百二十七年罗马之战，防者攻者皆此一类人也。

佣兵制度与当时市府发达至有关系。盖十字军之远征，伊大利实为其后方主要兵站，需要繁兴，而商业日盛。于是西欧之经济权，实握于伊大利诸州之掌握。骑士之衰也，依其蔑视平民之习惯，常出而强取人民之财物。故市府商民目之为盗，而思有以抗之，则以金钱佣人为兵。会东方发明之火药至，易戈矛为火器，使用之术益简易。骑士之长失，而佣兵制日益强固，市府之力益巩固不可复侵。其盛也，乃成各市同盟（如汉瑟 Hansar 同盟之类），而中流社会之势力，遂为近世立宪政治发展之根本。

丙曰政客　即外交家，每一市府必有一大师，能雄辩，以纵横之术见长。用多数秘密侦探，互相监察，其侦探之中心在罗马。教皇左右皆侦探所包围，最著名者为威尼斯之大师某，教皇病时，每日有五使报告云（此种报告，今尚有存者，其细密周致可惊也）。

马基雅弗利（马基雅维利）以其雄辩诡智，实为此种人物之代表。故人或名此曰马基雅主义，言外交术之始祖也。马氏势力越亚耳伯山 Aleper（阿尔卑斯山）以北，普及于西欧。其人实为爱国者，其眼光不仅注意于国内各市府之关系已也。

二 宗教

各市府虽极发达，而当时半岛之中心，则仍在罗马。盖一以地理上之关系，一以宗教上之势力故也。然宗教势力则日就衰落。其原因则中世纪宗教界有数大事失败：

一为十字军之失败。事实上为战争之失败，精神上则西人与东方交通受其文化之影响，乘宗教热之反动而怀疑思想以起。

二为教皇欲收希腊教会之失败。基督教有东宗，以希腊为根据；有西宗，以罗马为中心。一四三八及三九年之间两开会议，于宗教上无结果，而希腊学说转藉以宏布于西方。

三法国主教势力日大，不受教皇之节制。

四巴爱姆 Boëhme（博埃）地方新教义勃兴。当时有约翰·虎司 Johane Huse（扬·胡斯），倡新教为教会所焚死，其徒党骚乱，一时不能镇定。

教皇以宗教势日衰，乃欲发展其政治上之势力，而教皇宫廷遂为伊大利内政外交之锁钥。惟教皇与诸侯较，势力有一大缺点，则诸侯依世袭，其系统较纯粹，则地位较稳。教皇则选举，其系统不易一致，故各代教皇各自汲引其徒党为主教，以自成一统系。其结果有以强盗出身为主教者，而教会声誉日益衰矣。

教皇选举会为当时阴谋之中心，有旧皇派，有新皇派，各宣布其敌人之罪状于群众。各大主教各恃其政治上之外援，以为后盾。外结诸侯，内养亡命。每一出则以武士环之，畏暗杀也。上行下效，于是各小主教之腐败作恶，有出人意表者。故路德一至罗马，乃大惊失望，及其归而叛宗之志遂决。半岛之人民亦皆不承认有僧侣之一阶级，而人人自以为直接于上帝矣。

三　风俗

政治宗教之形势既如彼，而流风所煽及于社会，则风俗之坏乱是已，约举之有数端：

一淫乱奢侈　物质之需要盛，而纵欲自恣者，恬不为怪。以成功不吃亏为道德之标准。教皇君主，其侈尤甚。如彼得寺（彼得大教堂）费数千万之金钱，卒以起宗教革命，其例也。

二迷信　信仰衰而迷信起，如马基雅弗利（马基雅维利）信星之势力。教皇保罗第三 Paul Ⅲ则信星学。教皇亚力山第六 Alexandre Ⅵ（亚历山大六世）则信预言、信巫，而魔术神鬼日出不穷［德士瞿提（歌德）所著《福司得》*Doctor Faust*（《浮士德》）为魔术大家，实有其人，与路德同时］。

三残忍　社会视强暴为固然，如演说家尤司梯 Ginstinian（朱斯蒂尼安）在罗马见惨刑以为如酒后纵谈之乐。大教主希保利 Hippolyte d'Esta（艾波利托·德·埃斯特）以争宠嫉妒故，抠其弟之目。

四酷刑　当时法廷中有油锅、支解、抠眼、抽肠等种种刑罚，而尤惨无人道者，为异教法廷。

四　文艺

代表当时之文学家为马基雅弗利（马基雅维利，

一四六九至一五二七），其著书斥道德为愚，崇诈力为智，后世多有非之者［普王菲烈德（腓特烈）二世即位时即自著书驳之，人以谓政略作用］。然所谓马基雅派者，非一种主义，乃一种记载当时之写实体也。马氏为人有远见，富于爱国心，有足多者。

次为赛离尼及亚来当 Cellini et L'aretin（切利尼和拉莱汀）。赛氏描写当世伊（意）人强梁美丽之生活，惟妙惟肖。亚氏则代表当时文艺之堕落，以讽刺诗劫人财货。其笔锋最尖刻。其著《耶稣传》，于圣母且有微词（巴黎藏书楼有地狱一部，专收古时代堕落之书，其书在焉）。此种文学堕落之风，至他苏 Tasse（塔索）著《耶路撒冷之解放》*Le jérusalen delivrée* 而始改。

米格安治（米开朗基罗）于文艺时代之复杂生活，经历甚久。其晚年睹社会种种腐败之状，乃于梅提西（美第奇）之墓上，刻一睡人石像，而题其悲观之诗于上，曰：

余睡甚乐，不如化石之为尤乐也；苟世之苦痛羞耻，一日尚存在者。可怜我！轻声，莫醒我！

Il m'est doux dé dormir, plus doux d'etre marbre, tans que durent la missére et la honte:ne m'eveille doue pas, de grace en parle bas!

呜呼异哉！孰谓此万恶昏黑之社会中，乃能发一道光明，照耀及于今日之世界者哉！

然当时伊大利实为文学美术发达便利之地，其故有三：

一则以历史地理之关系脱离宗教关系较易也。伊（意）人离东方近，十字军以远，东方文明，日益传播于欧西，而亚剌伯（阿拉伯）之文明，如天文、算学、化学等，则纯乎为异教的。罗马遗风，伏流于社会生活中甚深，故虽久而不磨灭。迨教会腐败，不足以维持人民之信仰，而异教之势力遂大起。

二则以政治社会之傚扰，而生活之感益形深刻也。当时伊大利分为五市府，各市府各自为发达。威尼斯共和国占其东，米兰公国占其北，佛洛兰（佛罗伦萨）

与法皇领罗马占其中部，奈波利（那不勒斯）则占其南。市府与市府战；市府之内，有白党，有黑党，有皇党，有帝党，则又各自为战。欲求生存，必图奋斗，故个人主义日益发达。影响及于政治，而各诸侯之合纵连横、阴谋外交之术以起。上帝不足恃，所恃者一己之聪明材力耳。故信仰衰，而对于人生发生一种真实痛切之观念。

三则贵族诸侯之习于华奢，乃适与美术以提倡之机也。北欧武士以练习武术为事，视美术家为工匠，视文学家为弄臣。而南欧武士皆富而奢，诸侯若能罗致大美术家，必为人民所欢迎。故相竞以日甚。如斯福瑟（斯福尔扎）之于米兰 Les Sforza à milan，梅提西（美第奇）之于佛洛兰（佛罗伦萨）Les Médieis à Florance，教皇儒来（尤利乌斯）二世、来翁（利奥）十世之于罗马 Les Papes jules Ⅱ et Léan x à Rome，其著者也。

诸侯贵族多爱美术，然不愿有新思想，故于雕刻、绘画、音乐之大家则罗致之，而文学家则否。是时，思想自由之唯一地点惟威尼斯，故人文派哲学家初皆

汇集于威市。时印刷术亦于是独盛，故藉以扩充势力
至于远方。史家论思想自由之源泉地，必推威市焉。

  附注：威尼斯为欧洲新思想之发源地，而现
代欧洲大都会之物质文明，则至今日曾未见其一
毫侵入，此亦一绝好之对照也。

北欧平民与贵族好尚不同，伊（意）人则一致。
当时群众喜谈文艺，其诗以朗诵为能。有一新诗出，
而全市罢工，倾城往听者，亦可见群众之好尚与热度矣。
大美术家虽为贵人所罗致，其次者，则生活甚难，
必觅主人以自附，有同僚相争，而妒致相杀者。
要之，生活之事变多，欲性发达，而生命之危险
亦大。故美术之想象力因之增大，而多创造之能，此
则社会生活之有助艺术天才者也。

第三章 伊大利*之文艺复兴（下）

　　艺术史上有至高之兴味时代二：一为希腊之彼利格来（伯里克利）时代，一为伊大利之文艺复兴时代。然二者性质，有绝然不同者：前者之美根于调和，以均整之优雅见长，故其美发达于理想之中，而为模型的；后者之美根于冲突，以复杂之分裂为因，故其美植础于个性上，而为狂热的、独创的。是其大较也。

　　前言基督思潮与希腊思潮之不相侔也，其现于社会表面上者，则有若教会之守旧为一派，人文派之复古为一派。其实真正之冲突盖不在外而在内，不在各

派之不同而在各个人内心之冲突。此其苦痛急切，有什伯倍于外界冲突者，故感激之情热，愈唱愈高，而艺术之发达，所以能达绝顶也。盖新派精神初未有明了之表示，故保守势力不能为断然之反抗，而古代艺术之爱好者，甚且为教皇所奖励保护，此可见新旧冲突非表面的而为内心的也。

中世纪有一特征焉，曰爱好欲求之价值，视可得程度之难易以为衡。而凡必不可得者，则人之所大欲存焉。彼爱歌者Minnesanger（游吟诗人）于其己妻则不顾，而于彼之所不能及范围内，或以人之妻，或以贵族之女，为其爱之目标，而为之歌、为之泣。此武士所谓精神之爱，不涉于肉体者也。使彼亚得利Beatrice（贝雅特丽齐）而果嫁但丁，洛拉Louaou（劳拉）而果嫁彼得拉（彼特拉克），则彼辈或将自伤其好梦之破残，而或另所眷焉，未可知也。中世纪尊灵斥肉之风，其结果能使人成一种不可解之幻影恋爱，势力可谓伟矣。

文艺复兴于何始？今不得而断言之矣。远自黑暗时代，其精神或有时而微动焉；东现一鳞，西现一爪，而时为顽固之黑云所蔽，及夫伏流渐急，则知灵一闪，猛然掘地以兴，其锐利之目独能于此丧乱夺掠万恶之尘世中，萤萤然发见一美善之光，朝曦夕阳，青天碧海，自然界无论矣。而人亦自然界之一物也，其容貌，其体格，凡触诸目者，在在足以动其心，而人生乐乃别得其真味焉。然深院之晨钟，亦时时代表心灵凭高而吼，盖旧染未尽除，而现世之感已不若希腊人之单纯矣。

不两立之原素，乃持续不断之战斗，开眼以求现世之美乎？抑潜心以觅来世之灵乎？逡巡焉，烦闷焉，冲突焉。时或如恩格利Fra Augelies（弗拉·安杰利科）则心灵胜，时或如梯泄恩 Tiziano（提香）则肉灵胜，时或如拉飞耳（拉斐尔）则依其神妙之笔，沟心肉二灵而通之。

是故希腊美术与伊大利美术，中间有鸿沟焉。希腊以理想美为归，欲求标准美，故为典型的。而伊大利则一度经内心求灵之训练，其特色不在典型，而在个性；不在生活喜悦之表现，而在情热本能之发展；不在抽象理想美之完全，而在各个人个个灵魂之再现〔文西（达·芬奇）常终日追跡一人，以求透彻其个性之秘密，日日以其印象之要点及表情，笔记于手帖中]。就此点言，则谓现代艺术之根本发源于文艺复兴焉，可也。

以探求个性之结果，故文艺复兴时代之美术，较希腊有甚多之变化。希腊艺术家常于同一物中，求其美或力之最高典型，故其制作，类多一定。如司各泼派 Scopas（斯科帕斯）多强烈，柏拉西德派 Praxiteles（普拉克希特利斯）多逸乐之类。其甚者以探求理想故，举各人之制作混同之，即古人亦有不能辨其作家为谁者。此则在文艺复兴时代，若拉飞耳（拉斐尔）、米格安治（米开朗基罗）辈所必不可得之数也。

希腊艺术之特色在雕刻，文艺复兴之特色在绘画。盖一则适于理想典型之创造，一则适于个性表现之描写也。然雕刻之机能后亦一变于作家之手。盖昔则以静朗之额、柔和之形著者，今则一变籍筋肉肢体之发展以表情矣。

中古峨特式（哥特式）之建筑雕刻，实有不可及者，而当时则不著作者之姓名，盖个性之没入于群众也久矣。反之，而文艺复兴时代，则个性发展极其度。其于世界文明史上之位置，不可谓为健全时代，而可谓之为极有兴味时代。偶像破坏矣，旧者去，新者不来，而代之以无数之新头脑，奔逸驰放，各极其致，真蝉蜕时代之大观也。

兹特就其艺术发展之情状，分类言之：

（一）文学之复兴与发达

文学发达，较雕刻绘画为次。盖当时有力者不甚提倡新思想也。综其大体，可分为三时期：

第一期为自然发达时期：自但丁迄朴加斯（薄伽丘）卒。

第二期为拟古时期：自朴加斯（薄伽丘）死迄罗安梅提西（洛伦佐·美第奇）卒。

第三期为异宗美术时期：自罗安梅提西（洛伦佐·美第奇）卒迄罗马大掠。

第一期，自然发达时期。第一期有三大人物，曰但丁，曰彼脱拉（彼特拉克），曰朴加斯（薄伽丘）。三人俱为文艺复兴之前驱者，其功绩有三：

一造成伊大利之国语文学，迄今犹存在。

二开现代个人思想之先声，为近世小说诗歌之祖。

三提倡古学。

但丁 Dante Alighieri 实中古时代之诗人，而为近世思想之开山祖也。佛洛兰（佛罗伦萨）市人，其历史不甚详，但知其九岁知爱［据其自序，九岁遇美人彼亚得利（贝雅特丽齐）于途，自觉身颤，而"生活精神"I'espris de la vie 震于其心之深，自是日始乃识爱义］，十八岁作恋歌（九年后又重遇于途，方震其美而颤，彼美乃回顾而目礼之，自是始乃识美之实感，既归其沉寂乱杂之书室中，乃作歌），壮年从军［千二百八十九年六月十五，参与加伯提（坎帕尔迪诺）之战斗］，卅一而娶。中年活动于政治而遭流刑（时帝权党与教皇党争甚烈，佛市亦有黑白二党，但丁为白党，黑党藉教皇之势力攻白党，惨杀甚多。但丁为教皇宣告罚金及流刑，且终身不能与闻政治），流浪终其生。其死也誓不以遗骨归故乡。其空前绝后之大著曰《神曲》Divine Comédie 者，实成于二十年中穷愁窜谪之时。故其开卷曰"当吾生之中途，予乃迷路而陷于幽林"Au millieue de la course de notre vie, je perdis le veritable cheman, et je m'egarai dans une forêt obscure，则一纯粹之象征诗也。其长歌始游地狱，继入净界，终登天堂，则中世纪时代之政治、历史、道德、宗教之影悉备焉。其喜作荒唐无稽之谈，而注重来世，其体裁（为寓言的），其精神（为信仰的），则纯乎为中古时代之人物。

然其语未来也，即以谈现在、谈自己，即以谈全体，就现象以求实体。重主观而为独立个性之创造，且断然不用古文而用俗语 Vulgure，则纯乎文艺复兴之先声也。故但丁之著作以中古为骨，而精神容貌则现世的。人谓拉丁人中有足以与莎士比亚相抗者，惟但丁一人；近古时代，有足与荷马相颉颃者，惟但丁一人。其推崇可谓至矣。

彼脱拉 Pétraque（彼特拉克）为近世言情诗之祖。亦佛洛兰（佛罗伦萨）市人，其父亦白党之一，遭徒刑者也。初依其父之督促，学法律，后两亲卒，乃从事于诗，名噪于时。依其政治上之活动，往来德法甚久，为大旅行家。其生活之变化甚多，其精神上之动摇亦

烈。天国之梦与人世之欢，往往交战于中。其著名之歌，
有足以代表过渡时代精神界者，曰：

  吾不得和平，吾又不得战斗之机会；吾畏惧，
而又希望；吾已焦灼，而吾实为冰；吾升吾于天，
而吾身着地；吾欲执全世界于胸中，而抱一空。

Pace non trovo e non ho da far guerra;

E temo e Spero;ed ordo e son un ghiaccio;

E volo sopra'l cielo e giaccio in terra:

E nulla stringo e tutto'l mondo abbraccio.

  彼脱拉（彼特拉克）利用其旅行之机，乃能多搜
古集。然其功绩不在收集，而在其古文之注释，不独
博而已，且能以新意解古书。往时读古书者，不能别
古代与中世社会生活之不同。以中世之眼，读古典之
书。不能领会古人之环境，即不能了解古人著作之心
理。惟彼脱拉（彼特拉克）能深入古典之境，而体会之，
且其行文明了正确而华美。故其表现之古典精神，乃

更放异彩，故人文派推彼脱拉（彼特拉克）为始祖焉。

朴加斯 Grovanni Boccaccio（薄伽丘）生于巴黎，少以学商，至奈波里（那不勒斯），滞留者十二年，其佳绝之风景，华美之社交，乃深移此少年之情。时古典学者常集于洛伯耳王 Roberte（罗伯特·安茹）之宫廷。朴加斯（薄伽丘）受其指导，遂专志于诗。读但丁《神曲》大感动，为之解说。后其父卒，归佛洛兰（佛罗伦萨）市成名著《十日记》Dêcamèron（《十日谈》），人名之曰《人曲》，以比但丁之《神曲》也，其语言体裁妙天下。

十日记（《十日谈》）者，言一三四八年佛市有鼠疫，有七女人三少年，避疫于乡间者十日，内所互述之事迹也。其事实有悲剧，有喜剧，有讽刺；其人物有贵族，有平民；其性格则有真挚，有滑稽。其于伊大利十四世纪之社会，描写尽致。然或有以猥亵讥之者，则当时之风尚，而非其本意。故世人咸推朴加斯（薄伽丘）为近世小说之祖。后世如封登 Fontains（拉封丹），如福禄特儿（伏尔泰）之《自由谈》皆源于朴氏云。

自朴加斯（薄伽丘）之卒（一四七五），迄马基雅弗利（马基雅维利）之生（一五六九），伊大利人之所思、所爱、所书，无一不为拉丁文。

第二期，拟古时期（人文派与拟古文学）。人文派之兴也，其原因则发生于二事：

一为佛洛兰（佛罗伦萨）及佛拉拉 Ferrara（费拉拉）市二度之宗教会议，一为君士坦丁之陷落。千三百九十六年，希腊学者格利沙利 Chrysolorias（赫里索洛拉斯）至佛市，欲合东西二宗之基督教徒，全力以抵抗回教，开大会者二次，其志卒不遂。而伊（意）人于是机，乃得直接与东方之大学者相接近。格氏遂留为佛市之大学教授。而莘莘学子亦多往君士坦丁留学。中如约翰奥利斯伯 Aurispa（奥利斯帕），其最著也。迨千四百五十三年，土耳其占领君士坦丁，多数学者挟策西来，俱为伊大利各市首领所欢迎罗致。于是由拉丁而进窥希腊，而搜古乃及其源。荷马之诗，柏拉图之哲学，遂竞相译以拉丁文矣。

此中关键之人物之最要者，实为沙罗台梯 Colucco Balutati（葛陆修·沙鲁达蒂），则佛市诸侯梅提西（美第奇）之首相（即家臣）也。沙氏古学直继朴加斯（薄伽丘），其拉丁文著作甚富，为当时学者之首领。立大学，聘格利沙利（赫里索洛拉斯）为主讲，皆沙氏之力也。于是佛市倡于先，而威尼斯，而罗马，而奈波里（那不勒斯），而朗罢提（伦巴第）各市，群起竞效，从事于研究古典。沙氏搜集西瑟隆 Ciceron（西塞罗）书翰。而各处之古籍，遂为人间所珍重矣。

希罗古籍，多散失弃置于伊（意）、德各处之修道院及宫殿中。当十四世纪及十五世纪之终，各处搜求不遗余力。其最著者，若佛洛兰（佛罗伦萨）市尼古利 Niccoli（尼科利）藏书家 Bibliopliee 及大主教勃赛隆 Bessarion（贝萨里翁）集手抄之希腊古书，有六百种之多。乌奔公爵 Duc d'urbin（乌尔比诺公爵）则以印刷书为不足读，佣四十人以抄书。

研究古文学者，大都皆教会以外之人。其读书均在家中，一般名之曰人文派。其名自拉丁文 Humaniores litterae 而来，以自别于学校派 Scolastique，对于教会，极其攻击嘲笑之致。其于古书也，不分昼夜以多读为能。或讥之为蠹鱼，言其贪食而不知化也。

先则抄，继则读，终乃拟。拟古实当时风尚，其视伊（意）文为大俗，其极端有以希腊文自译其姓名者。

流风既畅，派别斯兴。于是有考据家始于搜集，搜集而不得，乃继之以摹抄；摹抄而误失，乃继之以校订；校订有不同，乃继之以注释。其最著名者曰凡喇 Lorenzo Valla（洛伦佐·瓦拉），则能以史实为根据，而得正确之批评者也。有金石家则以残碑古碣，向之视为不足道而任意摧残者（罗马遗址多为中世纪人造屋所毁），以其足以为历史之征，珍同拱璧焉。其最著名者曰披切古利 Giriaco dei Pizzicolli（奇里亚科·德·皮兹科利），富商也，以古迹之美而多趣，弃其业，周游伊大利、希腊、埃及，以搜集摹拓古碑为事者也。此外又有教育家，则以实用为归，专以教育少年为事，开学校，自制度乃至于习惯，无不惟古之是崇。其间著名者为凡隆 Ganrino de Verone（维罗纳的格里诺）。

哲学上亚力斯多特（亚里士多德）派与柏拉图派之竞争，由来已久。中古时代奉亚氏学说为宗者，其流为学校派。及人文派兴，则以柏氏学说为宗，而成柏拉图派。是时主要人物有三人，一为柏来翁 Gémiste

Plethon（普勒托），希腊之柏拉图学者，以宗教会议来佛洛兰（佛罗伦萨）市，其著作讲义，以说明亚氏与柏氏学说之区别为主。而对于亚氏之神学、心理、论理，则批评攻击不遗余力。而当时佛市人奉之如神明者也。二为哥斯姆·梅提西（科西莫·美第奇）即梅氏之始祖，为佛市首领，热心提倡古学，建设大学院 Academie 者也。三为费西纳 Ficino（菲奇诺），则新柏拉图学说之传布者，译柏氏全集，以拉丁文而加以详博之注释。又成《柏拉图学说》一书，共十八集。费氏为新柏拉图派，其学说适于佛市人神秘之风气，故流行甚广。此外则有米兰笃耳 Pic de la miradale（米兰拉多）以"人生之权威""人间之伟大"为题，于大学院振其雄辩，亦柏拉图派之健将也。

Academie 今译为大学院，柏拉图所创，在雅典亚加特姆园 Academno 中，为哲学研究之所。佛市之立大学院也，实继承柏拉图之旨，其性质与大学 Universite 不同。盖学者自成一团体，而其研究讲演之所，即名之曰大学院。佛市首倡之，而罗马、奈波里（那不勒斯）亦均效法而设大学院。

自是以还，拟古文学极盛。然其著作鲜有存者，传者仅数人名耳。盖拟古以直接希罗为事，而蔑视其间千余年之历史。故精神上终不能及，而充其能力则趋于形式外观之美。此其弊也。

第三时期，异宗美术时期 L'árt païn。所谓异宗美术时期者，则专崇外观形式之美是也。是时之代表者，为拉利奥斯 L'arioste （阿里奥斯托）为史诗三大家之一，其《怒之洛朗》 *Roland furieux* （《疯狂的罗兰》）为当时特出之著作。其书以文字之剪裁见长，为一种象征文字，而少哲学上深沉之观念。拉氏于文学上之地位，犹梯齐恩（提香）之于画，以美之自身为目的，而为写实派之一种。其客观之态度与深刻之眼光，实开马基雅弗利（马基雅维利）著作之先声。

马基雅弗利（马基雅维利）及其同时代之著作述如前（参照第二章）。

自柏拉图主义之风行，而文学渐就衰歇，柏拉图派迄今犹有势力，以理想之美为宗，其于文艺复兴时代之"现世""实在"主义实相反。此则崇物质尊个性之反动也。柏拉图之言曰："纯粹之美有如净水，无一毫特别之色味。"La beaute parfaite est comme l'ean nure, qui n'a point de saveur particcicliere. 此为柏拉图伦理之根本，其弊之影响于艺术也，则以写意为宗，而美术与人生无关系。此伊（意）之艺术所以于极盛之后，一蹶而不能复振也。

（二）美术之发达

中古时代，雕刻与建筑已盛大发展，而绘画则极幼稚。全体学、距离法至十四世纪以后，始逐渐进步。迨十五世纪之中叶，油画发明，于是绘画始能独立。前此插画、壁画，盖犹附丽于他物以自存也，今当分别言之。

（甲）建筑

欧洲中古建筑综分为三派，而同出于一源。其源维何，则罗马公会堂 Basilica 是已。四世纪时基督教既有天下，信徒之自地道 Catacambs 出者，遂集于旧有之公会堂以祈祷，是为教堂之起点。公会堂为人民公有之物，建筑家以防火灾也，宁费劳力，易木以石，于是便于用石之圆顶制以起。其圆顶之包于外而在上者曰外圆顶 Dôme，译言屋也。其圆顶之裹于内而在下者曰内圆顶 Caupole，译言碗也。故今之教堂或曰 Basilique，或曰 Dôme，或曰 Caupole，盖犹仍其建筑之原名也。

三派之别，一曰东派，或曰毗山 Bizantique（拜占庭）式建筑，发源于小亚细亚，其基本形为等边十字，其特长在外圆顶。一曰西派，或曰罗马式，即继承罗马建筑而来。其基本形为长脚十字，其特长在穹（在壁内之圆龛）。一曰北派，或曰峨特式 Gochique（哥特式），发源于北方日耳曼人种，其基本形为锐角。故易外圆顶之圆者为尖，而于穹窗之环加之锐，形若鱼首。罗马派建筑之以圆著者，沉穆而厚重；而峨特派以锐著者，则秀削而沉静，足以表现其向上之精神。三派以时代言，则东派最早，西派次之，而二者互有融会；北派较次，极盛于中古。故谈文艺复兴之建筑者，恒追溯峨特式（哥特式）建筑也。

当十三世纪时峨特式（哥特式）建筑之盛行也，"自然"二字已为美术家所注意，如兰市 Reims（兰斯）教堂之柱刻以葡萄，其精美之源实汲之于田野间，则注意观察自然之征也。十四世纪以来，由建筑教堂而及于墓道，则以纪念之故，渐有雕死者之遗像者。初则状墓内横陈之象，继乃摹生前祈祷之容，则于自然表现中更进一层，而注意个性。然当时终以宗教之故，不能于此"自然""个性"二方面，十分发展，且日就衰歇，于是"解放"二字之光荣，终不能不有待于伊大利之文艺复兴。

北派峨特式（哥特式）之建筑，并不发展于伊大利。而希腊、罗马之艺术品，位置列列于伊大利国土上者，几千余年间无人过问。必待人文派之兴，由文学之复古为导引，而始能入于艺术美之觉悟。此亦历史之谜而耐人寻味者也。

建筑之第一期，仍为中古派与古典之混合物。然古典之影响仅及于细部之装饰，其建筑大体仍为中古式，则惰性使之然也。迨东罗马之亡，市民的建筑较重于宗教，而现世精神乃渐发展。其新建筑之可为模范者，为佛洛兰（佛罗伦萨）之宫殿，其外部犹以防御巷战之故，极坚固厚重；其内部为方形，而绕以列柱之长廊，则骎骎乎为新式矣。在佛市首倡新派建筑者，为伯龙纳 Brummellesco（布鲁内莱斯特），其建筑之佛市大教堂外圆顶高一百米突。而比提 Pitti（皮蒂）宫则以意匠之明晰与比例之完全，表现其美丽庄严之特色。此后则马华诺 Bennedetto de Majone（贝内德托·达·迈亚诺）及格洛纳 Gronaco（朱利亚诺）所作之沙洛西 Sorozzi（斯特洛奇）宫为佛市宫殿之至美者，则以罗马建筑之至精者为模范，利用石面之凹凸以表现光及阴之作用。此种第一期之建筑，流入于威尼斯则失其庄严，而加以华美，尘世之欢益增其度矣。

由古典之装饰，进而为古典之设计，则为第二期。是时之著名大师为设计彼得寺（彼得大教堂）之始祖勃来孟 Bramente d'Urbin（布拉曼特），其注意不在局部之装饰，而在全体之组织。此直近世建筑之发源矣。其后继者为达得 Jocopo Tatti（雅各布·塔蒂），在威尼斯成圣马谷 St.Marco（圣马可）图书馆，为此时代之代表作品。其上层饰以雕像，其中层用希腊依奥尼式，其下层用希腊独利式（多立斯柱式）。

依奥尼式 Ionique，独利式 Dorique（多立斯柱式）均希腊建筑之方式，前者轻快华美，而后者厚重质素。

自千百五十年以后为第三期，则纯乎米格安治（米开朗基罗）之影响。于建筑之内，溶入绘画之色彩与个人之想象，继勃来孟（布拉曼特）之后，建筑彼得寺（彼得大教堂）。彼得寺（彼得大教堂）者，则文艺复兴与宗教改革之象征物也。自其美丽之方面言，则可云集文艺复兴艺术之大成；自其奢侈之方面言，亦可谓宗教改革之原动。千五百六十年，教皇儒拉（尤利乌斯）二世，欲营墓道，就古罗马游戏场之彼得寺（彼得大教堂）而改筑之，乃征图案于勃来孟（布拉曼特）。勃之规模颇宏远，功弗能竣，及来翁（利奥）十世经拉飞耳（拉斐尔）、米格安治（米开朗基罗）等而成功于勃尔尼 Bruni（布鲁尼）。亘一百余年之岁月，易十余名师之图案，其建筑或失之统一，然为世界第一之大建筑，则无可疑也。但自外观之，不觉其大，即入门亦不觉其壮丽。向内遥望，深而不幽，远而不玄，则以距离大小之比例，一一适符，故入寺者习与为化。

光线众射而入，使观者不觉其拘束压迫，非若他教寺有沉郁之气，则其特色也。盖米氏之艺术天才，在伟之趣与力之美，故于彼得寺（彼得大教堂）之伟大，其功独多，后世效之不能及，于是有柏洛克（巴洛克）式好曲线，内容之装饰过多，则一种颓废之艺术已。

柏洛克 Baroque（巴洛克），葡萄牙人名不规律之珍珠曰柏洛克（巴洛克），为此名所由来。

（乙）雕刻

十二世纪间伊大利雕刻，除粗率之模仿外，无他长。迨披萨诺父子 Niccola Pisano（尼古拉·皮萨诺）、Giovanni Pisano（乔凡尼·皮萨诺）始能领会古典之精神，而雕刻渐有生动之致。至基培尔 Lorenzo Chiberti（吉贝尔蒂）以绘画之趣味入雕刻，生面别开，遂为佛洛兰（佛罗伦萨）市雕刻之祖。其代表之作物，为佛市洗礼场之二铜门，于浮雕上现配景法，以深浅大小表远近，则纯乎为画术也。米格安治（米开朗基罗）深服其美，谓之曰天国之门。

与基氏同时有腾那堆洛 Danatello[（多纳太罗）

一三八六至一四六六]为自然主义之典型，其所雕人物，躯干挺拔，筋力丰富，自顶至踵，生气满满，则实佛市人理想之美男女。而彼能以无知之青铜或大理石表现之，故与其谓为古典派，无宁谓为峨特式（哥特式）之起步者，近世名人洛旦 Rodan（罗丹）实为其后继者。其大弟子曰浮洛基 Verochio（韦罗基奥），则文西（达·芬奇）之师，画家而兼雕刻家者也。其作物为文艺复兴时代之至美者。

西爱纳 Sienner（锡耶纳）州有魁尔萨者 Iaccbe della Quer-ccia（雅各布·德拉·奎尔查）者，亦一独创之雕刻家，受北派现实主义之影响，为米格安治（米开朗基罗）之师。

米格安治（米开朗基罗）之雕刻详下文。

绘画便于取携，而石雕难于运送，故雕刻品多留于原地，而绘画则不胫而走遍全欧。世人但震于绘画之名，而雕刻则少知者。其实纵使当时之绘画尽遭残毁，而佛市神奇之雕刻，尚足以表现时代精神而有余也。

线之精致与坚实为佛市雕刻美之特色。然十六世纪之雅典（即指佛市）与彼利格（伯里克利）时代之雅典有区别焉，则基督教义之潜势力是也。心与情之幸福平衡一破而不可复保矣，或形奋激之现实派，或成颓废之优雅式，欢喜之中而悲哀混焉。此佛市之特色。实则心灵、肉灵交战之征也。此卓绝之文艺复兴的艺术，虽曰抗宗教之厌世而兴乎，然微宗教又焉得有此，焉得有此。

凡模仿杰作，而终不能得其神似者，有故焉。大艺术家个人之情操，不仅表现于形象之构想与配置，即于极微之明暗间为官能之所不能觉者，亦有其精神焉。等是线也，有死者，有生者。彼格森（米开朗基罗）所谓触觉之价值者——即生命微动之及于眼者，犹筋肉颤动之及于指，心可得而知，口不可得而言，机械不可得而量者也。故天才之艺术家，能于轮廓间一线之际，平面上一分之地，与之以生命，则正藉此幽深之微动之能也。

（丙）绘画

绘画为文艺复兴时代特有之艺术，以其便于表现个性也。故其发展为多面的，而宗派遂多。当千二百六十年时，东派毗山（拜占庭）派一画家曰梯马毗 Timabue（奇马布埃）者，至佛洛兰（佛罗伦萨）市实开伊大利画之先声，是为佛市派。距此稍后有提楂 Duccio（杜乔）者，亦东派画家，至西爱纳（锡耶纳）市，与梯氏成双璧。梯氏以俊伟秀拔著，而提氏以温雅优美著，是为西爱纳（锡耶纳）派。西爱纳（锡耶纳）派以表现情绪为宗，而不注意于规模形式，至十五世纪时遂衰歇，而佛市派则进步入自然主义，遂独盛。

继梯氏而兴之佛市派画家曰基奥特 Giotto de Bondone（乔托·迪·邦多纳），则能汲美之源于自然，而达之以明快之笔，举毗山（拜占庭）派之种种束缚而破之，别开自由生动之门。虽椎轮之始，不免有缺点，而人终推之为新派之祖，则其开来之功有足多也。

基氏之后有飞沙耳 Fra Anglico de Firsole（弗拉·安杰列科），则更能深入人情，且知解剖学，深乎情绪则得生动之源，明乎解剖则得生动之表，故其宗教画中如信仰之喜、迫害之幸等，皆以深刻之表示，动人心目。同时有麦萨西 Masacio（马萨乔）者，倡自然主义，能置宗教之情律于普通社会中。技术上则距离法、全体学亦日有进步，是时人文派兴，眼光乃及于希罗之古物，于是新派之萌芽，经古典之陶镕灌溉，而益臻其粹焉。

距离法至乌瑟洛 Paolo Uccelo（保罗·乌切洛）、全体学至浮洛基 Verrochio（韦罗基奥）而大成。而当时有综麦氏、基氏之长者，曰菲列利比 Filippo Lipi（菲利波·利比），则能模勇力以优雅之笔，实开米格安治（米开朗基罗）之风。而浮洛基（韦罗基奥）尤能于景色中，识光与空气之作用，色彩之变化愈杂矣。

佛洛兰（佛罗伦萨）市派之画，依其风俗华奢、政治动乱之反射，乃在"神秘的温雅"与"阴郁的气力"二极端之间。其画中有未来之光明，亦有未来之恐怖，则其精神尚含有宗教臭味故也。

伊大利之画始于佛洛兰（佛罗伦萨）派，经威尼斯派而大成，而其流遂宏布于欧洲。故威尼斯派与佛市派，在画史占同等以上之位置。威派之前有二派：一为毗山（拜占庭）派，受日耳曼之影响者，迄十五世纪上半，则受拜驼雅 Padua（帕多瓦）派影响，二者混而成威尼斯派。拜驼雅（帕多瓦）者为威尼斯所领之市，其大学之文化与法国及莱茵流域有密切之关系，实当时思想自由之发祥地，而全伊（意）智力之中心也。佛市之艺术大家，如基奥特（乔托），如独奈堆洛（多纳太罗），住此者十年之久，其绘画能以古典之形式，传佛市之温雅。其著名大师曰孟得涅 Andrea Mantegua（安德烈亚·曼特尼亚），少曾留学于北方佛兰特，得油画之法以归，为威尼斯派之远祖。

威尼斯为中古商业极盛之地，无政治之扰乱，无宗教之压迫，其人民好娱乐，美衣服，社交发达，公会甚多，其风俗之反射于画也，则明快而有人生之乐，且长于大幅之布置，能聚群众于尺幅之内，构造布置各得其宜，即其所绘之圣母与使徒，亦不见有悲哀禁欲之风，而纯乎为红颜绿发之美男女，方饰绮罗以行乐也。此种乐天主义为威派之特色，与佛市派之神秘忧郁适成对照，而色彩之美亦以威派为第一（佛市派以色彩为画附属品，而威派则视色彩有较对象为重者，故不仅为色彩画家，且为光彩画家）。其创造之祖为培利尼 Jiovianni Béllini（乔凡尼·贝利尼），其最著名之大师曰梯泚恩 Tiziane（提香），则表现人生之乐与肉体之美极其致者也。

其时有异军特起，与威尼斯派相反，与佛洛兰（佛罗伦萨）派相对者，曰乌勃利 Umbrique（翁布里亚）派，其大师曰彼鲁其 Perugino（佩鲁吉诺），则拉飞耳（拉斐尔）之师也。是派之画富于宗教情感，苦痛之深，热望之切，信仰之诚，是其内容之神也。方式之洁净，表现之秀美，组织之简单，是其外表之形也。其色彩沉重而真挚，其表现纯洁而正直。

此外则有米兰派，以文西（达·芬奇）著；有罗马派，以拉飞耳（拉斐尔）著。则其特色在个人而不在宗派，兹不著。

各种艺术之流派，酝酿陶镕，迄千五百年及千五百五十年之间而大成，则实艺术史上空前绝后之时代也。其大师有三：曰文西（达·芬奇），曰米格安治（米开朗基罗），曰拉飞耳（拉斐尔）。三人者各有独到之能，不相争，亦不相掩。约言其特性，则文西（达·芬奇）之艺术源于知，米格安治（米开朗基罗）之艺术源于力，拉飞耳（拉斐尔）之艺术源于爱。今特举三人略传，以结此艺术史之终。

文西 Leonard de Vinci（达·芬奇），佛洛兰（佛罗伦萨）人，生于千四百五十二年，在佛市者三十年，在米兰二十年，此后经十九年流浪之生涯，而入法国。少从学于浮洛基（韦罗基奥），美丰姿，有勇力，于文学、美术、科学、哲学无所不通，无所不精。其多才多艺为历史上所未曾有。其天才之原动力有二：曰好奇，曰好美。惟其入之也深，故能得二者之调和，而其艺益神。彼以为艺术之于世界，苟真有或种意味者，则"自然"与"人生"二者必当为其根据。其研究自然也，观海感波浪之韵律，而知光与音之波动；登山见化石之贝壳，而知海与陆之关系；望天而知引力之理，观月而知反光之律。下至昆虫草木，无不以其惊奇之目、锐利之光对待之。而自然之神秘，乃若故为坦白者，一一直陈于此老之前。其研究人生焉，则喜怒哀乐，凡刹那间感情之作用，独能一一攫取之，而百不失一。故其人物画中，则饱尝生活滋味（或欢喜，或痛苦）之灵魂，跃然于纸上。彼自言其漾洄于胸中者有二事，一为河海之流动，一为妇人之微笑。深渊之深不可测，或龙潜焉，或魔斗焉，其动力之波，远及于水面，而微波生焉。此文西（达·芬奇）微笑之义也，犹深渊之微波也，而其下为不可测，此《孟纳利萨》*Mana Lisa*（《蒙娜丽莎》）之画，所以卓绝千古，而文西（达·芬奇）自身犹视之为未完作也。要之，文西（达·芬奇）艺术家之以知立者，其明智之光，能烛万物之微而无不入。

米格安治Michel-anze Baonarroti（米开朗基罗），亦佛洛兰（佛罗伦萨）市人，生于千四百七十五年，并诗家、画家、建筑雕刻家之长。而其署昔司丁（西斯廷）画壁上，则自署名曰雕刻家某。其一生精神上痛苦，阅历甚多，而性极坚定，故寿长。其精力弥满，亦可于其雕刻见之。其个性之发展于艺术也，为忿怒，为抵抗，为强傲。其雕刻能以筋肉之颤动表情，且能以雕刻之精神入画，浓淡色彩非所注意。其兴味之对象一在乎人，顾其为人也，非现世通俗的，而为理想的超人。雄辩之风姿，猛烈之态度，一以极度紧张之筋肉表现之。故人谓米氏画中之人物，如乐器中之弦，时时紧张而唱高调，其精神常徬徨于暴风雨高山之绝顶，然其巨大之势力，能贯以情热之生气。故能攫事物之实在性，超而不怪，怒而不丑。吾人一立于其巨像之下，转觉此巨像为真，为实在，而吾人自身转不过一无常之幻影，适然过其前而已。此则其天才独到之处，非后人所能拟议也。他人以颜面表情，而米氏则以体格筋骨表情。故米格安治（米开朗基罗），艺术家之以力成者，其精神之强，能挟万物以趋而无不动。

拉飞耳 Raphaël Sanzio（拉斐尔），生于千四百八十三年，一生以幸运终，而早卒，则集绘画之大成者也。其艺术之要点，在能使心灵与肉灵调和。故其第一特长，在纯洁，在高尚。无垢之天光，越清澄之大气，自空中而招吾人以向上，此则中世纪心灵憬憧之象征也，而拉氏能之。其第二特长，在通俗，在亲切。嬉戏之小儿求乳于爱母之怀，慈爱之真有生之所同具也。而后知现世之中，亦自有其真且美者，此则人文派现世鼓吹之条件也，而拉氏亦能之。故古人所谓"通天人之故"者，盖拉氏可当之无愧矣。而重之以结构之精审，气象之静穆，使人可以永久相对而不觉其厌。

盖自有史以来，以心灵、肉灵互相争斗之故，而现种种之烦闷苦痛者,一入其指,而变为韵律的谐调焉。故曰,其生也,自然惧惧者,惧其泄秘密也;其死也,自然悲悲者,悲此后之无知音也。可谓极艺术之能事矣。故拉氏者,艺术家之以爱成者也,其无量之情,能溶万物之性而无不化。

史家谓拉飞耳(拉斐尔)有女性,其殆爱神之权化欤。

第四章 法国之文艺复兴（上）

　　法之文艺复兴，与伊大利异。伊（意）则继承罗马、希腊而来，而法则继承伊大利而起，环境不同，故色彩自异，而自成为法国的文艺复兴。

　　伊大利之发达也，以商业。商之为性，重贸迁，利交通，故眼界宽而性情易变。而法之立国，则以农。农之为性，重保守，多粘着，故不好新奇，而对于外来之潮流，抗力较强。故复古之风，在伊（意）则游行一时，其势甚猛，而为时甚短。而在法，则其流甚缓，其力甚深，接触南化以来，迟至半世纪始能吸收，而潮流之方向遂变。

伊大利分立为五州，各自为政，市府之发达甚早。而法于是时则国家之形式已成，大权一统诸王室。故伊（意）之文艺发达于民间，其流广而浅；而法之文艺渊源于宫廷，其流狭而深。

十四五世纪中古文化已形固定。法承北系，而地处南北之间。以英法百年之役，故不能尽调和之责，而其时凋残最甚者，尤莫如文学。千四百九十四年以后，南宗之入也，其要点在引美术之思想入于文学界，故文学一方面发达独盛。其雕刻、建筑影响较少，则国民趣味与使用原料不同之故也。

当千四百二十二年法王加耳（查理）六世之死也，正当英法战争之交。国内大部俱为英军占领，贵族、僧侣多通款于敌，几不国矣。而人民之国家观念独强，农人、商人均奋起以勤王事。于是农民之代表者则有贞德，历史上之奇女子，迎加耳（查理）七世接王位于兰市（兰斯）者也。商人之代表者则有克耳 Jacques Coeur（贾克尔），献军资于王，卒掌财政，以裕军实者也。于是除加来港以外，悉复侵地，外患去，而内治益修。国势统一，王权日张，路易十一世即位，以相续结婚之政略，益收小诸侯领地。迄加耳（查理）八世，则内力既充，乃思外竞。会伊大利各州相争，奈波里（那不勒斯）王与佛洛兰（佛罗伦萨）市首领欲合力攻米兰，而米兰公爵路未各Lodvico（卢多维科）[路未各（卢多维科）为人阴险，杀幼侄而夺其位，奈波里（那不勒斯）王为其侄之外舅，欲为复仇，乃联合佛市攻之]乃引法军入伊（意）。千四百九十五年，法军入奈波里（那不勒斯），是为法人与伊大利文化接触之始。

加耳（查理）八世负大志而早卒。其从弟路易十二世即位，以其母系相续之关系，欲并米兰、奈波里（那不勒斯）而有之。畏西班牙之干涉，乃与之联盟而攻米兰，逐路未各（卢多维科），其陆军与西班牙海军合攻奈波里（那不勒斯）又占之。既以利益分配不均，法、西两军又起冲突。会罗马法皇儒拉（尤利乌斯）二世即位，作神圣同盟，引瑞士为援，法军为其所驱，是为第二征伊（意）之役。

千五百十五年，佛兰昔（法兰西斯）一世继路易十二登王位，则再以大军入米兰，结威尼斯、瑞士以

自援。时法皇儒拉（尤利乌斯）二世死，西班牙亦无
进取之雄心，而北部伊大利遂为法国所领。是为第三
次征伊（意）之役。盖三十年之间，自王室贵族以迄
全国人民之从事军役者，入伊大利及五六次之多。其
受南化刺激之深，可想见矣。

加耳（查理）八世以前，宫廷中已有文学待从之
人，然不过弄臣耳。以雕琢为能事，则宫廷谄谀之习
也。加耳（查理）年少，其征伊（意）而归也，诱于
南欧生活之丰富与华奢，若宫殿之壮丽，园庭之修洁，
美人之丰采，乃至于图画、雕刻、宝石、衣服、诗人、
学者、珍禽、异兽，无所不爱，无所不欲，其脑海纷
纭杂乱之状，殆与其归时之行李相似，而于艺术之精
深者，则果未之能领会也。惟三世纪间法国美人之标
准，以"文西"（达·芬奇）、"拉飞耳"（拉斐尔）
之圣母像为则，则加耳（查理）八世提倡之功也。

路易十二世则较加耳（查理）为稍进，招文西（达·芬
奇）及诸艺术家来法，其后爱娜独喜中古美术，惟其
宠臣乔治·安巴士 Georges d'Amboise（乔治·昂布瓦
斯）则爱伊大利艺术，为之建行宫于该容 Ghâtean de

Gaillon，为伊（意）式，是为法国建筑受南宗影响之始。

法国文艺复兴之大业，非加耳（查理）八世之美人，非路易十二之美术家所能成，成之者则佛兰昔（法兰西斯）一世也。是为提倡复古主义之正宗，是为法国文艺美术之始祖。

佛兰昔一世 Francais Ⅰ（法兰西斯一世）好大喜功，爱美术，能诗，惟其提倡文艺学术也，非专为文艺学术自身之价值。盖一则为虚荣心所驱，彼见夫伊大利各市诸侯之事业，以为小诸侯且然，焉有法国之王，而范围可以更小于此者。故开放其宫廷，自文学、美术，以迄科学、哲学，无不包罗，而一一保护之，所以之示王之尊也（当时侍从之臣，已非复昔时弄臣之地位）。一则知文艺学术势力之大，而当时与王权对抗者有教权，故收之于政权之下，使知识不为教会所垄断，而王权乃藉以扩充。惟王之性质为多方面的，且喜武功，故必有人焉，为其原动，日日鼓舞而推进之，而始克有济。此则忏悔官蒲特 Budé（比代）之功，所以不可没也。

蒲特 Guillanme Budé（比代）为法国古学派之第

一人，于法律、神学、数学、哲学、历史，无不研究。少见知于路易十二，为教皇儒拉（尤利乌斯）二世之特使。其著作多为希腊、拉丁文字（甚难解，读者较少，故名不著），极端提倡古学，谓古学为万派之宗，非法律、数学一科之长所能比。且曰，欲为人而不知人文主义，犹夜行而不以烛也。建议于王，乃设法兰西学校（法兰西学院）Collège de France。自此校之成，而法国文艺复兴之运动，乃如画龙点睛，而得其文化之枢纽矣。

初，蒲特（比代）之建议也，实本于鲁燔（鲁汶）之"三种语言学校"［希腊、拉丁、希伯来，College de trois Langes 为比斯来顿 Jérôme Busleiden（杰罗姆·布斯莱登）所倡］，而宫廷有反对者，是时财政亦不裕，王好外务，故迟滞至十年之久，至千五百三十四年始能年以四百王冠（Livre 金货名）为聘用教习之资。教课最初为语言学，即希伯来文及拉丁、希腊文也。后乃增算学、医学及东方语言学。造端之始，或妒之，或异视之，教授之俸，或迟或忘，然生命既存在，则能逐渐发展，而向光明。

法兰西学校（法兰西学院）之成立，实为当时一大革命事业。其特点有三：

一、当时沙蓬（索邦）大学（即今之大学）有法廷以定倡宗教上异说之罪，其权操诸教会，而佛兰昔（法兰西斯）一世则不令法兰西学校（法兰西学院）之教授，受其裁判，而裁判之自君主。此实含有政治作用，而为政教分离之始。

二、伊大利之复古，仅及希腊、拉丁，若佛洛兰（佛罗伦萨）市之大学院则纯以柏拉图学派为宗，而法则加以科学及东方语言学，是为科学发达之始。

三、高等学问向为教会所专有。当时沙蓬（索邦）大学亦有希腊、拉丁文功课，然彼之目的在藉古文以释教义，而此则用古文以研究非宗教的科学、美术，俨然与宗教相抗。是为学术离宗教而独立之始。

佛兰昔（法兰西斯）一世之提倡文艺也，外则蒲特（比代），而内则有其妹马格里 Marguerite［（玛格丽特）王有侄女亦同名，不修边幅，史家有误以为一人，而讥其不贞者］能诗，受朴加斯（薄伽丘）文学之影响，好学，通希腊、拉丁、希伯来文，与当时著名学者来往，虽非新教徒，而极力保护当时之人文派。个人主义之入于文学，马格里（玛格丽特）首倡之，实开言情诗 Lyrique 之新生命，盖亦法国文艺复兴之前驱者，其功不可没者也。

时印刷业已输入法国，千四百七十年巴黎大学已有印刷所，迄千五百年，则前此三百佛郎（法郎）所购之书，今可以二佛郎（法郎）得之。于是文艺复兴之运动，其势渐张。

宫廷之生活与古典之研究，为当时法国思想界之二空穴。新空气乃由此出入也。惟法国之人文派与伊大利同源异流。自其内容言之，伊大利之古典派则美术化，故收其果于十六世纪之雕刻绘画。法人之古典派则实在化，故收其果于十七世纪古典派之理性文学 Classique。自其方法言，则伊（意）人之崇拜古典，其结果为模仿；法人之崇拜古典，其结果为翻译。模仿仅及其形似，翻译则有事于咀嚼也。故能以国民之精神，镕古典而化之，或存焉，或改焉，或弃焉，而自成一种新生命。此文艺复兴后伊大利之所以衰颓，而法国文化之所以能继长增高，至十八世纪而执欧洲之牛耳也。

  法之古典学导源于教会，迨加耳（查理）八世征伊（意）之时，人文派渐起，研究学问者，于既受旧式教育之后，更从事于学生生活，如蒲特（比代）于法律卒业后，更学拉丁文。爱拉司 Erasme〔（伊拉斯谟）荷兰之人文派首领〕，至三十岁，更为孟堆其 Mantaigu（蒙泰居）学校之官费生是。惟师资甚少，其研究也首在自修，常以高价聘希腊人为师，而卒无所得者。及千五百年爱拉司（伊拉斯谟）之名著《亚达其》*Adagin*（《箴言集》）出，研究古学者乃如导泉得源，其精神遂涌现流布于世界。

  自此以后，蒲特（比代）则译柏鲁太克 Plutarque（普鲁塔克）之著作。爱召伯来 Févre d'Etaples（勒费弗尔·德·埃塔普尔）则讲希腊文法，于是有文典，有字典。千五百二十三年，有《伊来之诗》*Chants de L'Illrade*（《伊利亚特》）。二十八年有沙福克 Saphocle（索福克勒斯）之悲剧，而荷马之诗，而新约、旧约，亦同时以法文现于巴黎。此种运动当然皆出于自由研究之精神，其心目中固别无宗教与非宗教之分，遂大为当时神学家所诟谇。自千五百二十三迄二十九年竞争最烈，幸为宫廷所庇护，不至摧残。

当时视古典学为万有之宗。且以北人气质之偏于实在性也，故古典不重其形而重其质。故翻译事业独盛，且不重直译，重意译，以为拘于字句为奴隶的抄录，其无用与空造误译等。译者之价值首在自由达意，其最著名者为安岳 Amgot 译柏鲁太克（普鲁塔克）之《英雄传》*Vies des hommes llustres*，1558，《道德论》*Oenvres Morales*，1572，影响甚大。而其功绩则一在传布古典历史之精神，一在使法国国语加丰富之材料，而成国语文学（安岳详下章）。

当时译者欲表现法文之价值与古文相等，以为凡希腊、拉丁文所能表现之情感，法文皆能表现之。朴加斯（薄伽丘）小说，伊大利人自夸为法人不能译。马格里（玛格丽特）闻之大愤，卒得最佳译本，此则北人乡土观念强，而国家主义发达之影响也。

佛兰昔（法兰西斯）一世之臣，有蒲特（比代）。马格里（玛格丽特）公主之臣，则有马洛 Clément Marot（克莱芒·马罗），实法国文艺复兴前驱者之双璧也。马洛（马罗）为当时过渡人物之代表，其教育性质及诗之形式，均为中古的。然受个人主义之影响，书中说自己之经历情感甚多。其为诗也，随兴所之，不以诗为美术，而刻苦经营以出之。倡信体诗 Epitre 且译尾耳其 Virgile［（维吉尔）罗马大诗人］之著作，以其近于新教也，故不能在宫廷；又以其非真新教也，不能留于舍弥华 Genéve（日内瓦），流浪终其身［马格里（玛格丽特）常保护之］。然数新文学之开山，则咸推马氏。盖以个人主义入文学，为文学新生命之源，而马氏实倡之也。

当文艺复兴之初期，流派未分，各汇集于佛兰昔（法兰西斯）及马格里（玛格丽特）之廷。迫其后则流派分而冲突起，法以北系而受南宗之影响，于是从南宗而有文艺复兴为一派，从北系而有宗教改革为一派。此时有二大对立之代表者，曰拉勃来（拉伯雷），曰加耳文（加尔文）。

拉勃来 Francais Rabelais（拉伯雷）受文艺复兴之影响，较马洛（马罗）为深，其一生事迹，传闻异辞。其实，初为小客店商人之子，入修道院；中年好读古书，为主教所恶，遂逃去，南至里昂 Lyon 学医，研究古典。

里昂者，法伊（意）交通之孔道而南化入法之总机关也。既复至伊大利，为教士，后归法。当千五百三十五年，佛兰昔（法兰西斯）一世下教令，禁止新教，而人文派遂裂而为二。拉氏虽反对旧教，而不从新教。周旋于宫廷之间，卒自保为梅洞教士 Mendon 以殁。其名著为《巨人传》Les Grandes et inestimables Chroniques du grand et énorme géant Gargantua，其书发端于"人生应否结婚"，而结果于酒神 La dive Bauteille 之"饮"，名旧教为伪善，名新教为暴烈，由"理想之国"之"灯"，而遂达最后之目的地，亦一种寓言也。

　　拉氏小说随兴所至而记之，无一定结构。其文学上之最大价值，在歌颂自然之神圣与慈爱，以为至善云者，从心所欲之谓也。所谓恶，所谓苦，皆不守或反抗自然公例之故。故欲为则为，无拘束，无勉强，是为体认自然，是为至高道德之标准。其叙述之理想境，曰泰来姆僧院 L'Abbaye de Thélème（德廉美修道院）者中有云，此院中有惟一之规则曰"任所欲为"Fais ce que Voudras。且曰，凡自由之人善生善教，而与正直之人交，则自然之力，即足以使之避恶而趋善。Pour ce que gens librrés, hien nés, hién instruits conversent en compagnie honnête, ont par nature un instinct et aiguillon qui tonjour. lcs ponsse a faits vertuex et retiere de vice. 此种思想并非拉氏特倡之，盖实当时一般心理之趋向也。惟拉氏有文学天才，富于想象力，故其发挥能淋漓尽致，为一般人所欢迎，人或称其书为文艺复兴之《圣经》云。

然当拉氏在日，其主义无大影响，其原因有三：一则小说之结构甚粗，其写实主义为一般谈道德者所反对；二轻视妇人，故为宫廷中所排斥（当时宫廷妇人已有势力）；三无美术观念，故美术家多反对之，死后五十年人始尊之。

与拉勃来（拉伯雷）立于极端反对之地位者，为加耳文 Jean Chanvin on Calvin（约翰·加尔文）。拉勃来（拉伯雷）重科学，重实证。而加耳文（加尔文）则重道德，重敬虔，初学法律，后研古学，继而委身宗教，而为法国宗教改革之首领。以其议论激烈，不能容身于法，逃至巴耳Bâle（巴塞尔），后至舍弥华Genéve（日内瓦），遂为该市之宗教专制者。

加氏自旧教观之，则为人文派。盖其研究古文，纯以文学之目的研究之，而自人文派新文学者观之，则纯为宗教改革者。其主义以美之享乐为纵欲，非人生之最高目的，而放弃自由，斯为人生之真自由，故人当以一身供之上帝。文艺复兴在宗教与学术分离，而加氏则一律归之宗教。

其文体极美，擅雄辩之长，为今世散文之模范。是时宗教上意见之冲突甚多，各欲自张其军，故多使用普通语言，以求多数人之了解，此亦法国国语发达之原因一也。

加氏之宗教观念，为信仰的，非理性的。其著《基督制度》*L'institution de la religion chrétienne*，先用拉丁文，后译为法文，不仅反对拉勃来（拉伯雷）之放任，即龙沙Ronsard[（龙萨）详下文]之美术主义亦攻击之，其文体近烦闷Cestgle est trist，故当时从之者少。

是时为法国文艺复兴与第一期之终，旧教专制之力，已不复能维系人心。故思想界只有二途可从：一

则复古从拉丁文化，一则为清教徒、为日耳曼化。故
是时为历史上一大关键。是期一过，欧洲文学遂分为
截然两途，一为北派，以宗教道德为基础，以成宗教
改革；一为南派，以文艺美术为基础，而成文艺复兴。
然法人是时已尝南方美感及理性之味，故终归入于
南派。

第五章 法国之文艺复兴（下）

文艺复兴之精神要素有三，一为个性主义，二为自然主义，三为美术思想。所谓美术思想者，拉飞耳（拉斐尔）曾引西瑟隆 Ciceron（西塞罗）之言曰自然界，非完全之美，故必以个人之情感贯入之，即以自然界而受美之范围是也。

尊个性，重自然，为对于宗教之解放精神。然解放或有过度者，故必以美术思想调和之，而始完全。

十六世纪上半期，如马洛（马罗）则倡个性，拉勃来（拉伯雷）则倡自然。然少美术观念，故文艺复兴之精神，必至下半期，始弥漫于文学界。

文艺复兴之提倡功臣，上半期为蒲特（比代），下半期为亨利·爱底恩 Henri Estienne（亨利·埃蒂安纳）。爱氏家世印刷业，人称为印刷之朝（一世纪间出版之书籍迄千余种之多）。其于文学，则排斥伊大利，以伊大利为堕落之文艺。于宗教则为严格之新教徒，故提倡希腊文学，而同时注意法国本国文学，其著《法国文字之优点》*La Précellence du Langage francais*，1579，迄今犹有价值。

爱氏非大文学者，而其著作则读者甚多，故影响甚大。其事业之重要者，一为提倡古文学，一为助龙沙（龙萨）提倡美术思想。介于马洛（马罗）与龙沙（龙萨）之间，以完全文艺复兴之精神，输入于文学界者，则有里昂派。当时法之里昂，犹伊（意）之威尼斯，为法伊（意）之孔道，故商业繁盛，思想自由，而伊大利人、日耳曼人亦与法人杂居一处，其精神生活以激刺而益强，多数诗人咸集于此。故能成为文化中心，而势力乃反射入于巴黎。其间最著名者为马利斯·瑟夫 Maurice Scêve（莫里斯·赛夫），其杰作曰《迨利》*Dele*[（黛丽）其精神上之恋爱者]，言最高道德之目的。

模仿彼脱拉（彼特拉克），为一种象征之诗，现今尚有效之者。

瑟氏之后，乃有昂社 La Pleiade（或曰七星会）。昂社者，以七人组织之，当亚力山大王（亚历山大）死后，彼笃勃姆 Ptolémée（托勒密）即埃及王位，时有诗人李阁夫龙 Lycophron 等七人，人名之曰七星会，是为古时之昂社。及是时乃袭用其名，七诗人者，为驼喇 Daurat（多拉），为龙沙 Ronsard（龙萨），为笛倍雷 Du Bellay（杜贝莱），为倍依夫 Baïf（巴伊夫），为梯耶 Pontus de Tyard（蒂亚尔），为岳特儿 Étienne Jodelle（艾蒂安·若岱尔），为倍洛 Renny Belleau（贝洛），而龙沙（龙萨）实为之魁。

七诗人均以壮年而学古，用功甚勤，于千五百四十九年，笛倍雷（杜贝莱）属稿，以昂社名义，发表一宣言，曰《法国文字之辩护》 *Deffence et Illustration de la Langue français*。其宗旨以为欲表现丰富之思想与情感，决不能恃中古遗传来贫弱之语言与单调之方式。然吾人既反对不自然、无生命之技巧（指宫廷之雕琢诗人），亦不愿如人文派之尽弃本国语言，而专用古文，故吾侪今日要当取古人之精神，使现代之语言改良而丰富之。

故昂社诗人之体裁，与马洛（马罗）等异，中古时代之诗短而律严，其题目极平常琐碎。而昂社则学古，其诗甚长，其题为史事，为爱，为名誉，为生死，皆人生大事也。故中古时代之诗可谓为律，而昂社则变为歌，为颂，为赞，为讽，为悲剧，为喜剧，而以文学为一种美术。

先是法之古学派偏重于科学、哲学，及昂社出，则以为美术亦当法古，故欲追踪荷马、维米耳，以文字动美术之情感。时希腊之文学大著，俱未译出，昂社乃译之，且倡间韵诗。

龙沙 Pierre de Ronsard（皮埃尔·德·龙萨）少为王子加耳（查理）之侍从，年十八而聋，后乃与驼喇（多拉）、倍依夫（巴伊夫）等专学古文。千五百五十年，发表其抒情歌，前编四卷，开近世新诗之曙光，一跃而声名大振。后更为亨利二世、英后马利 Marie Stuard、伊大利大诗人他苏 Tasse（塔索）所激赏。至加耳（查理）九世，则赠以诗曰：

　　我侪共有王冠。余王也，则受之；汝诗人也，则与之。

　　Tans deus êgalement nous portons des couronnes.

　　Mais,roi,je le reçus;poète,tu la donnes.

　　可知其声誉之亮矣。

　　龙沙（龙萨）实为近代法国诗人之鼻祖。百年战争以后，龙氏成文学中兴之功，其著作甚富。三十五年间出二十集，其影响及于英国、伊大利。其诗，初则模仿彼脱拉（彼特拉克），歌爱。有二集，后则自成一家，作颂，作赞，晚年作诗，则反对宗教改革，从王命也。千五百六十年以后，则与闻政治，以其声誉高也。至千五百七十二年，其大著《佛朗西亚特》Franciade（《法兰西亚德》）之叙事诗出，则大胆实欲薄荷马之垒。千五百七十六年，作《爱兰纳歌》

Sonnets pour Hêléne（《给爱兰娜的二十四行诗》），今法人犹能诵之。

龙沙（龙萨）文学之天才，在其创造能力，其体裁极多，后无能继之者，即近世嚣俄 Hugo（雨果）亦不能模仿之。其功绩有二，一与文学界以开创勇气，一则教后世以诗的艺术。

笛倍雷 Joachin du Bellay（杜贝莱）少贫病，及与龙沙（龙萨）研究古文，起草《法兰西文字之辩护》后，乃公表其诗集。中年随其叔至罗马三年，怀乡郁郁不得志。乃作《悔歌》*Les Regrets*，分二种，一为咏怀，一为讽刺。其纤微幽妙之情绪，能入人心之深，故迄今犹为法国文学中重要之作（中学生须背诵之）。惜早卒（三十五岁），未能竟其天才所至云。

倍依夫 Jean Antoine de Baïf（让-安东尼•德•巴伊夫）首改诗之缀韵 L'orthographe，设学校以教之，倡十五韵一句之诗。其著作之重要者，为《迷姆》*Les Mimes*，系一种童话，开后世封登（拉封丹）童话 Fable de Fontain 之端。

岳特儿 Étienne Jodelle（艾蒂安•若岱尔）昂社

改革事业中，戏亦其一也。其模仿古典，而编悲剧、喜剧者，则岳氏实倡之。千五百五十年，演其悲剧名 *Clêopâtre*（《克利奥帕特拉》，即《埃及艳后》）者于宫廷中，既而作喜剧 L'eugené。岳氏少年即为宫廷诗人，惟博而不精，亦早卒，故其天才亦未能完全发展云。

昂社为一种贵族文学。其词胜于理，与伊大利同。其时异军特起，以理胜、以内容胜者，曰安岳。安氏家极贫，其父为苦工，在巴黎求学时，其母寄面包与之以度日，为同学之厮养。然古学甚深，后为三朝忏悔官。

安氏天才虽不及龙沙（龙萨），而其影响之大，与龙沙（龙萨）同。其所译希腊书，传播道德观念、人生思想，风行一时。其势力不仅在文学，即政治（卢梭、罗兰夫人、拿破仑均爱读其书），绘画，乃至女人之装饰，亦受其影响。其所译《英雄传》，能表现各时代各个性活动之际，有一种内在甚深之源泉，遂以开蒙旦（蒙田）之哲学之先声。

蒙旦 Michel de Montaigne（米歇尔·德·蒙田）、

龙沙（龙萨）之后，法国之世界文学者曰蒙旦（蒙田）。少受其父之教育，长为侍从官，游伊大利、日耳曼，后乃归乡，送其一生于藏书楼中，受安岳之影响甚深。以其读书及冥想之结果，为《论说集》*Essais*（《随笔集》）。其书之体例，则独出心裁，而其内容，则取古人之学说甚多。

蒙氏以为真理者，即中庸之道。匹夫匹妇皆知之能之，而人生之目的首在知死之道。死者，人之归宿也，故人当求得欢笑之容以死。蒙氏实为厌世派，初笃信宗教（以基督教亦为求死之道），后因宗教战争而怀疑，乃求之古哲学，而受其影响，自成一种实验哲学。

蒙氏文章极佳，系一种继续不断之创造，其厌世观及为我主义，为其言辞所掩。书中比喻甚多，莎士比亚多剽窃之。其为我主义，则曾自辩曰，书中说"我"者，欲读者自觉也。

蒙氏以前文学家，多以模仿古人为事，及蒙氏则以道德心理之观念为主，别开生面。自成一种论说体。此不独于法国文学界放一异彩，其风尚实及于全欧者也。

当十六世纪之末，法国受新思潮之刺激甚深，国内有宗教之战、政治之争，国外战事亦继续不断，社会状态颇不安定。识者多忧之，以为旧道德已去，必须提倡一新道德，于是拉奴有政治军事之演说集 La nous, Discours politique et militaires，沙隆有智集 Charron La sagesse trois vérités（沙朗《论智慧》），笛浮耳有牺牲主义之哲学 Du Vair La philospohie stoique（纪尧姆·德维尔《斯多葛学派的道德哲学》），皆欲提倡一种道德，而其结果归于三要点：

（一）永久的道德。即无论何时何地均应遵守之道德。

（二）法国的文化。是时宫廷多有崇拜伊大利、西班牙文化者，此则反对之。

（三）个人对于社会之责任。为矫正个人主义，故提倡公共利益、社会道德。

时当宗教战争，故一般俱感社会秩序之必要，文学界亦发生二趋向：

（一）不专模仿外国。

（二）文学为造成社会道德之媒介。

因此蒙旦（蒙田）中庸之说大盛，而文艺复兴之尾声即为古典文学 Classique 之发轫。盖古典文学之精神，在情感与理性同得其平也。

文艺复兴之影响，侵入于法国美术界，不及文学界之深，其原因有二：

（一）法国有中古固有之美术，故其抵抗力较强，虽有君主为之移植，而不能风行。

（二）建筑、雕刻受天气、人工、材料等种种外界条件之拘束，故外来之潮流，不能完全移入，而国粹派之势盛。

故当十六世纪下半期，文学之伊（意）化甚深，而艺术界仍绝然分为二派，一派守其中古遗传，一派趋向复古，非若伊大利仅仅发展于一方面也。

建筑

文艺复兴式建筑之入法国也，与峨特式（哥特式）建筑之入伊大利同。皆以外界之条件不同故，不能为十分发展。虽然，事实受拘束，而理论则固自由也，故当时之趋向，学理乃先于事实。亨利二世以前所谓建筑家 L'architecture 者，实匠人耳，非真得其本义也。其建筑仅以局部之构造凑合而成，未尝根于学理，有全部计划，如近世所谓建筑家也。迄十六世纪下半期，而建筑于是有学——有原则，有条件，有理论——建筑之先，必于纸上规画其宏大复杂之意匠。于是建筑家之义，乃非工匠，而学者，而艺术家矣。此种原动，则实希腊罗马古典之赐，盖无可疑也。

十五六世纪间，有二伊大利人，一为亚拔底 Alberti（阿尔贝蒂），一为赛离奥 Sertio（塞里奥），实传罗马建筑家尾脱虑 Vitruue（维特鲁威）之学于法人。千五百四十五年，赛氏以法语刊行其《建筑学》 *Livre d'architecture*。四十七年尾脱虑（维特鲁威）之译本乃出版。其说明附以种种模范，则遗物之尚存于罗马者也。于是学者既得其原则，乃复至其地，视察焉，测量焉，笔记焉，既归则公表其所得。如蒲良 Jean Bulland（比朗）则有《建筑之原则》 *Regle d'architecture*（《五柱式建筑准则》），德洛姆 Delorme（德洛尔姆）

则有《建筑学》（《菲利贝尔·德洛尔姆建筑初集》），而建筑家于社会之声价乃始定。然非若昂社之为贵族的，盖平民而含有学者性质也。

学古所得，最重要者为美术上之均齐与对称 La Symetrice et la éqnilibre parfait。其以学理著名之大师，曰赛沙 Jecynes Androuet dit du Cerceau。其理论虽间有奇僻，不适于实用者，而希罗之建筑之精神，及伊大利文艺复兴时代之影响，盖至此而完全输入于法国。

法国建筑术之进步，不始于教堂，而始于王宫，则王权日张之故也。其文艺复兴式之最古纪念品，为洛亚宫 Chateau de Loire（卢瓦尔城堡）。然其屋顶高塔之美，则悉依峨特式（哥特式）之旧，唯其柱及装饰乃为伊大利派。其由峨特式（哥特式）与文艺复兴式混合而成者，则有巴黎圣爱登提孟寺 St.Etieme du mont（圣艾蒂安·迪蒙教堂）及圣梅利寺 St.Merri（圣梅里教堂）等。

白洛亚宫 Chateau de Blois（布卢瓦城堡）创始于路易十二，而成于佛兰昔（法兰西斯）一世。一院两翼，一翼为法之中古派，一翼为伊（意）之复古派。中古派之翼有廊，以白石为之，雕刻极细，间以红石。复古派之翼，有大柱，有神龛。两翼之建筑，相隔二十年。

当千五百八十年迄六百五十年之间，则以文艺复兴时代之华美精神，一变而为单纯化。石瓦之结合，所以表外部之美观者，乃一去其纤细之装饰。盖时当战争，穷于财，故省其工，而明彻端严之趣，乃与当时之古典文学相对称。

当时法国建筑大家，其人物之声名地位，可与伊大利之拉飞耳（拉斐尔）相颉颃者，有一人焉，曰雷斯古 Pierre Lescot（皮埃尔·莱斯特）。其建筑物之宏大壮丽，可与伊大利之彼得寺（彼得大教堂）相上下者，有一物焉，曰露佛宫 Louvre（卢浮宫）。

雷氏生于千五百十年，少有天才，家计裕，故能受完全教育。为佛兰昔（法兰西斯）一世所赏识，即命其计画露佛宫（卢浮宫）建筑。及亨利二世，乃专任之。其计画极宏远，未终而卒，而赛沙继成之，然设计则本之雷氏也。

露佛宫（卢浮宫）经多数时代，以种种特色之建设，集合而成。故研究者应辨明其部分，及其与时代之关系。其间面西南庭一角之方廷，则雷氏所作，实为全部中之至美者。其比例之相称，态度之庄严，趣味之纯雅，虽极小之装饰品，亦无一不保其平均，则实得自罗马帝政时代之遗物，而能活用之也。

同时足以与雷氏对抗者，则有德洛姆 Delorme（德洛尔姆），生于里昂，长游伊大利，为建筑学者，见知于亨利二世，其杰作为亚纳宫 Chateau de Anet（阿讷特城堡）及佛兰昔（法兰西斯）一世之墓。

雕刻

雕刻与建筑为孪生之子，故当时亦分二派。

复古派（即文艺复兴派）之大家为古容 Goujon（古戎），其历史不详，其杰作一为露佛宫（卢浮宫）之雕刻，次则为亚纳宫（阿讷特城堡）之猎神 Diaue（狄安娜）及巴黎无垢泉宫 Fontaine des Innocents［（无辜者之泉）亦为雷斯古（莱斯特）所建筑］之妖女 Nymphe（仙女），其优美生动，与其谓取法于希罗，无宁谓受当时肖像画之影响。

古容（古戎）之次，则有比隆 Germain Pilon（热尔曼·皮隆），注重写实，为加耳（查理）九世及梅提西（美第奇）后 Cotherine de Medicis（凯瑟琳·德·美第奇）所赏识，其杰作为亨利二世及袋落亚 Delois 坟。

中古派之大家，一为歌仑布 Michel Columbe（米歇尔·科隆贝），为伯来他尼公爵 Duc de Bretagne（布列塔尼公爵）坟及佛兰昔二世 François II Nants（法兰西斯二世）坟之雕刻者。一为蓬当 Pierre Bontemps（皮埃尔·邦唐），雕刻佛兰昔（法兰西斯）一世之陵，于当时服装动作事实之细部，皆能忠实描写，而出以生动之致。

当时中古时代之习惯未除，雕刻俱不留名，故有绝世杰作而不知作者为谁者，即如古容（古戎）、蓬当（邦唐）亦仅据记载留其名，其生平行事，虽史家亦无从考据之。

绘画

十六世纪法之绘画，仅发达于肖像一途，画家之名留于后世者绝少，人惟知格鲁爱（克卢埃）父子 Jean et François Clouet 而已。是时肖像为一种流行物，而皆有一定规则，工笔之细致，颜色之脆嫩，肉色之白，眉目之秀，千篇一律，皆美人也。盖是时宫廷妇人，势力渐张，美术皆谀之，故一一美化之，而写实之义亡矣。

缩画 Miniature

依珐琅术之发达，极盛于法，其大师为孚格 Jean Fouquet（让·富凯），为教皇所招，传其艺于罗马，迄十六世纪之下半期，则受伊大利影响而渐衰落。

佛兰昔（法兰西斯）一世之造封登伯录宫 Chateau de Foutaine Bleau（枫丹白露宫），实经营于二人之手。一曰罗沙 Rosso（罗索），一曰柏里麦底 Primatice（普利马蒂乔），皆伊（意）人也。罗氏为米格安治（米开朗基罗）之高足，柏氏实总建筑之成。于是绘画有封登伯录派，则强移植伊大利之艺术于法，未能加以陶镕，故势力不大。然自此宫之成，法国艺术乃不为封建的、宗教的，而为王权的。当时藉国民之

势，而政治、文学、艺术，一一收诸王权。苟无宗教
及内外诸战乱，则封登伯录派，亦未始不能与万岁宫
Versailles[（凡尔赛宫）路易十四所建宫]争衡也。

第六章 北欧之文艺复兴

（弗兰特 日耳曼 英吉利）

北欧之文艺复兴与南欧异。南欧之复古也，在文艺美术，所复者为希腊罗马之古，而对于中世纪之宗教为反抗的。北欧之复古也，在宗教，所复者为基教原始之古，而对于中世纪之文艺美术为继承的。

以广义言，则北欧之宗教改革，实占文艺复兴之大部分，其事业详下章，此章所论，则专就狭义之文艺美术言。

南欧于中世纪，其文化几无足道者，而北欧当十三四世纪时，其美术已独立发展，光焰万丈，即所谓峨特式（哥特式）是也。其特长在能写实，其缺点则为乏想象力，少结构法。盖写实则精神胶着于事物，其观察力愈深则愈真，而愈入于微细。故于空漠之想象力与宏大之结构力，则独欠焉。物莫能两大，势固然也。

社会之风尚，则亦影响于美术，有数世纪不能改者。北欧多贫贵族，以刻苦自傲。故艺术家等诸匠人之列，无独立自由之位置。故名画家笛耳 Albert Düre（丢勒）游威尼斯而叹曰："此间我为主人，前此则食客也。"Hier bin ish Herr daheim ein Schmarotzer. 此所以南北二宗，虽接触之后，而美术之发展，犹迟迟迄数世纪之后，始告成功也。

亚耳伯山（阿尔卑斯山）虽高，然不足为精神交通之障害。南宗文化遂沿莱茵 Rhein、洛纳 Rôhne（罗纳）二溪谷以北流。而开其端绪者，则地中海与北海之商业交通是也。当时汉堡 Hamburg、唐旦 Dauzig（但泽）与基拿亚 Genoi（热那亚）、威尼斯 Venis 间有定期航路，而旅行生活及奢侈品等，南北嗜好渐趋于相同，今姑沿地理之顺序以说明之。

一、弗兰特

即今荷兰、比利时及法之北部。弗兰特与法为邻，其历史多公共者。当十三世纪时，巴黎为文化之中心。及十四世纪，而峨特式（哥特式）之美术，遂由法而入弗兰特。迨其王与蒲耳贡 Bourgone（勃艮第）王族结婚，而弗兰特之大美术家遂至提容 Djion（第戎），其首领曰司吕得 Claus Sluter（斯吕特），其杰作为摩西井，其价值与米格安治（米开朗基罗）之摩西像同。

百年战争及市民战争 Guerre Civile 之起也，巴黎遂失其文化中心之地位，而提容（第戎）乃代之而兴。所谓法孟派 Franco-Flamond（法兰西－弗拉芒派）者，一支北行，由提容（第戎）而入日耳曼；一支且南行，由莱茵而入伊大利。

时法之奥兰公娶米兰公之女为妻 Duc d'orl'eans epousé une visconti, Volentine de nulan, 而伊（意）人浮落耳又为法王族菲列伯亚提（菲利普·阿尔迪）之图书馆长。Pierr de Vêroné était I'intendant de la librairie de Phillippe de Hardi.

弗兰特为北欧商工业之中心地。各地人民，各挟其特种风俗、装饰、嗜好，麇集于此。而生活之繁变纷纭，益足以刺激艺术家之眼光，使之觉醒。其时诸侯又适为提倡爱护艺术之人，故十五世纪弗拉孟（弗拉芒）画派发达甚著。而其时著名大师，于艺术史上有最大之影响者，为望爱克（凡·艾克）兄弟 Hubert et jahanne Van Eyck，则油画发明之祖也。

望爱克（凡·艾克）艺术天才，在能使峨特式（哥特式）沉郁之象征精神，更深刻而广远，而同时能调和于实际生活之中。其发明油画，则能使色彩有光力、有深度，而表现实物，益得其真。盖技术常能应精神上之要求而发展也。

时为十五世纪，南欧绘画尚极幼稚，故北来就学者甚多，而其名作亦南行入伊（意），故人谓南欧之画实导源于北欧者，非过言也。

弗拉孟（弗拉芒）派以写真见长，其杰作以画像为主。其画山水也，一草一木，皆依原本，必有模范 Mode。其大师即约翰望爱克（凡·艾克），其杰作曰《贞女》*La vierge an Donateur*，画一荷兰宰相伏地祈祷，其形容逼真，惟无想象力，故不能起宗教观念。

望爱克（凡·艾克）兄弟之后，有大师足与齐名者，曰望特威屯 Roger de la Padture（Van der Weyden，罗吉尔·凡·德·韦登）。为都纳 Tounai（图尔奈）人，于十五世纪之下半期，执艺于伯鲁塞（布鲁塞尔），其忠于写实，与望爱克（凡·艾克）相等，而富于想象力。能以疏散屈曲之线，表示其悲悯感激之情；能以《圣经》之事实，为大规模结构。其杰作为《耶稣降自十字架》*Descende de croix*（《下十字架》），其中幅为耶稣之尸在圣母膝上，极其悲惨之致。而左方为耶稣降世，右方为耶稣升天。则一方为生之欢娱，一方为灵之安慰。盖三者合而各得其对称之美者也。

十五世纪下半期，望特威屯（凡·德·韦登）有弟子曰梅姆林 Hans Memling（汉斯·梅姆林）人谓其集北派之大成，可比之伊大利之拉飞耳（拉斐尔），以其能尽情发挥日耳曼人之天才也。日耳曼人富情感，而弗拉孟（弗拉芒）人则富气力，梅氏兼而有之，故弗拉孟（弗拉芒）派之入德以此人为关键。

伊大利派与弗拉孟（弗拉芒）相接触，是为盎浮斯 Anvers（安特卫普）派之始。其始祖曰马齐 Quentin Matsys（昆汀·马西斯），其杰作有《圣安尼》*Saint Anne de Bruxelles* 及《下葬》*Miss an Tombeau d'anvers*。此二画中，兼容二派而少调和，如画中人物之逼真仍为弗派，而结构之调和，则纯为伊（意）派也。然北方之有盎浮斯（安特卫普），则犹南方之佛洛兰（佛罗伦萨）也。

自南北二宗之相接触，迄十五世纪之末年，而南派日盛。其理想之宏大，结构之调和，乃使北派相形而见绌。盖北派虽重自然，而于自然之中，未能再加人为的组织与情调也。于是弗兰特画家，俱南游学画，而自成一种弗拉孟（弗拉芒）派之伊大利画。然因此而北派固有之天才遂失。

此派发达可分二期：

第一期名家有

荷瑟 Jean Gassaert（扬·格萨尔特）

麻司得 Mostaert（莫斯塔特）1474—1554

卑勒加 1470—1532？

为一种调和派，以弗兰特之意匠，而加以伊大利之装饰者，其画中人物仍为峨特式（哥特式）。

第二期之大家有

望奥来 Bernard Van Orley（伯纳德·凡奥利）1490—1548

哥昔 Michel Coxie（米歇尔·麦可）1499—1592

佛落利 Frans Floris（弗朗兹·弗洛里）1518—1570

马丁特浮 Martin de Vos（马丁·德沃斯）

则以罗马古英雄，代峨特式（哥特式）之人物，渐与背景装饰相称矣。

自是以还，南北二宗日益接近调和，遂为吕彭（鲁本斯）之先驱。吕彭 Rubins（鲁本斯）之写实、写情、写力，无不精致，其绘画史上之地位，不在拉飞耳（拉斐尔）下也。然当时弗拉孟（弗拉芒）本派尚未失其地位。盖当时风尚，一则喜购本地风景画，一则喜画像，则皆北派之特长也。其著名者有蒲许 Bosch（博斯），则以富于理想著，其杰作有《圣安东受魔》（《圣安东尼的诱惑》）。继蒲氏后者有柏吕格 Breughel（勃鲁盖尔），其杰作有《天使降凡》及《残杀无辜》等。

麻洛 Antonio Moro（安东尼奥·莫罗），荷兰人，为荷兰画派之代表者，人称之为画像家第一。曾至西班牙，受梯泚恩（提香）画派之影响，其杰作有《亚耳伯公爵像》Le Duc d'albe。亚耳伯公爵者，西班牙所遣之驻荷总督，以残酷著，而此像实能表现其残酷之精神。人谓其以望爱克（凡·艾克）写真之笔，梯泚恩（提香）肉感之色，调和而成。其背景尤善于烘托，故一望而人骨为之悚云。

二、日耳曼

日耳曼之文艺复兴，当十六世纪之中叶，而运动骤衰，则宗教战争为之也。先是莱茵、多瑙河二流域间，人文派之势力绝盛。十五世纪中，日耳曼有十五大学，而其间八大学均教希腊拉丁文字，故古学之盛，实不亚于南欧。

古学派之倡始者，为拉许林 Le Badois Reuchlin（罗伊希林），为 Juhinger 大学之教授，提倡希伯来之学问，且为希腊学大家。

北派之古学中，有负极大之盛名而势力几及于全欧者，曰爱拉司姆 Erasme（伊拉斯谟），生于洛得旦 Roterdam（鹿特丹），其著作俱为拉丁文。始学于巴黎，继为代表，至伊大利，入罗马，与英亲王马虑 Thoma Morus（英之人文学者）为友。为牛津 Oxford、剑桥 Cambridge 大学之教授。弗兰昔一世曾欲聘之为法兰西学校（法兰西学院）校长，卒未就。卒于巴耳 Bule（巴塞尔）。为新教徒，而与路德宗旨不同。其事业在注希腊拉丁之书，且以拉丁文译希腊文之《旧约全书》。其名著有《愚公颂》Elage de la Falis（《愚人颂》），系一种讽刺当时社会之作。各国皆有译本，为拉丁文之模范。且言宗教与道德当分立，此言在当时则甚特倡也。

日耳曼古学甚发达，而美术则否，由以当时政治及社会之条件，实有以束缚之也。日耳曼贵族既贫，且无意提倡美术，而美术之地位益低，且沉郁寒冷之天气，益足以促人回向内观，而于表现之力特阙如焉。

当加尔四世时有伯喇格 Prague（布拉格）派，是为日耳曼画派之始。迨其后有哥仑（科隆）派，其大师曰司提芬 Stephan Lucher（蒂凡·洛赫纳），然未能自成一家。自弗拉孟（弗拉芒）派以写实见长，而哥仑（科隆）之理想派乃日益消歇。于是南日耳曼有"许阀朋"Schwoben（施瓦本）派，能于写实理想之间，别求一种新路，其大师有霍尔彭 Holbein（霍尔拜因）一族，则父子兄弟世济其美者也。

老霍尔彭 Hans Holbein d.a.（老汉斯·霍尔拜因）奥斯堡 Augsburg（奥格斯堡）人，其画受弗拉孟（弗拉芒）派写实之影响，而仍不失其理想，于日耳曼美术中自成一种特色。其弟 Singmond Holbein（西格蒙德·霍尔拜因）继之，则于色彩之调和更增以风致。其子 Hans Holbein d.j.（小汉斯·霍尔拜因）则挟其术游瑞士，游法国，而终至于英。为亨利八世之侍从，卒于伦敦。其绘像俱为英国宫廷中人物，其杰作有《达隆市之贞女》*Vierge de Daronstadt*（《达姆施塔特的圣母》），有《爱拉司姆像》（《伊拉斯谟像》）。人谓以日耳曼人而能理解调和庄严之美有法人风味，惟霍氏一人云。

当时日耳曼商业市之最大者为奴恩堡 Nürnburg（纽

伦堡），故美术之中心亦在于是，其美术品为木雕与铜刻。而十五世纪以来，渐受绘画之影响，一改从来板滞之习，其首领有伏尔魔 Michel Volgemuth（米歇尔·沃格穆特）。至十六世纪之初年，而笛来（丢勒）出，是谓日耳曼美术界天才第一。

笛来 Albert Düre（丢勒），奴恩堡（纽伦堡）人，为铸金匠子。后学画，兼雕刻（木、铜）。一五〇五年，游于伊（意），至威尼斯，既而至英，其画能发挥日耳曼人之特性。盖其理想之深远，与观察之精密，有独得其精者。故其表现焉，于形则生动，于色则调和。且伟大，且简单，卓然可以与拉飞耳（拉斐尔）相对抗。其杰作多宗教画，人谓其功德与路德相同，盖路德传布耶稣之教义，而笛来（丢勒）则传布耶稣之教像也。

笛氏之天才本质，与伊（意）之名家同，而其风趣尚有不同者，则环境为之也。伊（意）人得希腊之美化，故其理想观察之表现，得调和均整之致。而笛氏处北欧，周遭为苦涩之社会，且笛氏之画艺由木雕而进步，非若石雕之清脆而爽利，故其画常有涩滞艰险之影。

　　盖南伊（意）之画，于实际得人生之乐，而于精神上则含有宗教憬憧之苦痛；而笛氏乃适得其反，其快乐在精神，而人生实际之苦痛，则其写真之术愈长而表现益著。其杰作有《四福音》*Les quatre Evangé listes*（《四使徒》）者，其特色在伟大而简单。有《埃及之休息》*Le Repoten Egypte*（《逃往埃及途中的休息》），其特色在理想之深远。

　　于霍尔彭（霍尔拜因）、笛来（丢勒）之外，别树一帜者曰克拉内克 Luca Cranoch（老卢卡斯·克拉纳赫）为新教信徒，画宗教改革者之像最多。其画有和乐之气，故为日耳曼女性所爱，然终不脱鄙野之气，其自署名曰毒龙，是为案逊派 L'ecole Saxone（撒克逊派）之始祖，喜画裸体而多失败。

　　日耳曼人于裸体画无一不失败者，伊（意）人于此则最成功。盖裸体不恃写真而恃想象力也。拉飞耳（拉斐尔）言欲画裸体美人，决不能用模，有时虽有模，亦不足用，盖须以己之想象力补之也。

　　十六世纪下半期，哥仑（科隆）派既衰，而伊大利派渐起。是时适当宗教战争，其元气经百年而始复，而其国民固有之美术丧失殆尽。于是伊大利派、法兰西派、官学派 Acad'emie、新希腊派 Nie Hellenisme、拉飞耳（拉斐尔）派乃至印象派等，虽宗派繁兴，而皆非日耳曼固有之艺术也。

建筑一项，则日耳曼人能保有其历史之精神，较法人为强。观于莱茵、多瑙河畔之教堂可见也。十六世纪中，则教堂之装饰，亦有从伊（意）派者，其可称谓文艺复兴时代之建筑者，惟哥仑（科隆）之市政厅耳，然犹有峨特式（哥特式）之风味焉。

三、英吉利

英国当十六世纪之初，清教徒未兴，而索逊（撒克逊）民族之享乐主义大著，国土虽少天惠，而工商业渐发达，物质之享用欲日强，则有如暴发之富户，其生活嗜好向各方面自由发展。盖不仅宫廷首都为然，即乡曲里巷，生活亦日以改善，而戏剧诗歌，遂为人生一般之娱乐品，故人称伊瑟倍 Elisabeth（伊丽莎白）朝为享乐时代 Merry England。

英人之性质，有与法人相同者。其研究古文也，非盲从，非模仿，实欲藉此以提倡本国文字。故当十四世纪时，政治用语俱为法文者，迄十五世纪乃悉改英文。都来 Richard Tollel 于一五五七年，发表一诗集 Songes et Sonnets，以证明英文之于诗，与法文、拉丁文有同等能力。

古学派在英亦极发达，其提倡者首自宫廷。贵族如亨利八世，使其子学希腊拉丁文，而麻洛氏 Thomas More（托马斯·莫尔）则以拉丁文著《乌托邦》 *Utopia*。爱拉司姆（伊拉斯谟）亦云，英国古学之发达在伊大利之上。是时英、法、伊（意）文学上之交通甚密切，如女王伊瑟倍（伊丽莎白）赠大钻石与龙沙（龙萨），而朴加斯（薄伽丘）、蒙旦（蒙田）、龙沙（龙萨）之著，俱译成英文，流行至广。

开英国新文艺之先声，人乃以之比于伊大利人文派先祖彼脱拉（彼特拉克）者，曰濡来伯爵 Surry。则以骑士之生活，舒其严肃悲哀之情以为诗。虽未能感时代生活之真味，而率真之气，则能开新诗自由之形式焉。濡来之后，有二人焉，曰斯宾塞 Edmund Spencer，曰西特尼 Sir Philip Sidney（西德尼）。

斯氏善讽喻诗，能得时代精神，而其思想之丰富，想象力之伟大，音律之流丽，实与伊（意）人他苏（塔索）相似。其名著有 *The Faerie Queene*（《仙后》），则以其柏拉图主义，调和骑士的宗教及希腊的异教精神者也。西特尼（西德尼）则自骑士出身，故于文艺复兴之享乐优美精神中，能加以热烈之情感及义侠之气概，其杰作有 *Arcadia*（《阿卡迪亚》），则鼓吹其道德上之情操者也。

昔人谓文艺复兴之运动，但丁开其先，而莎士比亚集其成，兹言当矣。

吾今特借此不朽之诗人，为吾文艺复兴史作一小小结束。

英、法语有所谓 Crisis 者，东译为危机，当矣。然不可作汉译，汉译无适名，或"重要关键"近似之，而不足表明其"时间"性。则亦姑谓之曰"危机"已耳。英国民族之在文艺复兴时代，则正所谓历史上之大危机是也。

其在政治上，则新教初立，伊瑟培（伊丽莎白）女王方利用国会以抗教会，而卒为教皇所破。

一五八五年，与西班牙开战。而其时世界第一大海军国，方倾全力以压迫此区区三岛者，而卒为所败。三百年来海上权之代兴，实始于此。

其在文化上，则肉食者方易手以叉［肉叉自南伊（意）输入］，行旅者方易骑以车［伊瑟倍（伊丽莎白）女王始倡之］，而动具之以木制者，渐易以银以锡。卅万人口伦敦道路之中心，始渐有所谓铺石者。惟时泰晤士河上，只有一桥。桥上有门，门之上则常悬其示众之首级。河之西为城，河之东则错落者，戏园在焉。

戏园凡十有九，而游动剧不与焉，此可知当时之好尚矣。然俳优皆役于贵族以自保，而贵族诸子，亦以提倡风雅自鸣得意。故当时戏剧，群众与贵族同嗜，有雅俗共赏之致。

是时清教徒虽未大占势力，而市民之攻击俳优者，亦复不少。彼以为作诗者，说谎也，故诗人殆与说谎者同类。而于俳优之装饰，尤以为明犯教例，坏乱风俗。故伦敦市中，剧场无容足之地，而所有建筑俱在市外，其著名之圆顶剧场，则在熊戏场之间壁，其腥臭尝令观剧者掩鼻云。

剧场之主，则或为著作家，或为演艺者，其时有名士派，其为人一生无定踪，自戏园而酒店，而监狱，而当铺，而不知所终。时有质裘以沽酒者，如马洛Marlow（马罗）氏则在酒铺中与人相哄而死是也。

要之，此时英国正处于感觉生活与理想生活之间，自相矛盾之处，社会有然，个人亦有然。而莎氏之天才，则亦发达于矛盾冲突之间者也。

威廉·莎士比亚William Shakespeare生于司脱拉伏Stratford（斯特拉特福），其年为千五百六十四年，即伊大利文艺复兴之大师米格安治（米开朗基罗）弃世之年也。其父为肉铺（或曰粮食铺）之主人，后破产，莎氏十八岁即结婚，半年而得子，其妻年则二十六也。廿一岁已得三子，在乡间作诗以刺其绅，绅怒，乃至伦敦，与诸"名士"游。当时风气，以游伊大利为一生大事，莎氏无资以备旅费，则多读古学书。

当时伦敦之贵族，皆各有剧群Truppe，若食客然。其艺员亦各饰其主之徽Wappen。而莎氏则属于贵族来赛思脱Lord Leicester（莱切斯特）之群，其在演剧时，常饰丑角Komicker。

莎氏二十五年间，每日剧场勤务，上午试演，下午三时起实演，而每年必编一二剧本，其精力可为绝巨。惟其稿本生前无印刷者，盖当时剧场惧人窃其稿，故著作之印刷于生前者，仅有诗集二种。其剧本则死后百年始大盛也。莎氏著述事业，可分四期。

一、少年时代

发挥一种奇特之想象力。如《夏夜之梦》（《仲夏夜之梦》）之类，是时犹专以改编戏剧为事，其著作多春气。

二、卅迄卅五时代

渐移空想及于事实，而人生生活之实味，亦渐发达，其著作多史剧。

三、中年时代

是时莎氏丧其子，且人世之不幸，经验甚多，故为忧愁失望时代，而其最大杰作，亦即成于是时，其著者即：

Jules César　　该撒（凯撒）言自由；

Hamlet　　汉姆烈德（哈姆雷特）言运命；

Othello　奥堆洛　（奥赛罗）言妒；

Macbeth　马瑟士（麦克白）言野心；

The King Lear　利亚王（李尔王）言愚；

Tunan　脱南言人类之恶性。

四、晚年时代

自第三期之沉痛激切渐复于平稳，然渐带一种神秘性，千六百十年后则归乡，不复从事于著作。卒于千六百十六年四月廿三。

以莎氏之著作与但丁较，而文艺复兴之思潮，有较然可以易见者焉。但丁为主观叙述，莎氏纯为客观记载。但丁示天国，而莎氏剧中则对于未来世之信仰，几于绝无。但丁写中世纪之影，而托迹于荒唐奇异之神境；莎氏则以现代人生之实事，表现其深刻惨痛之精神生活。

数悲剧中，一方则宿命说极盛，一若天生人类实专以供"运命"之牺牲者，人当一一听其宰割，而人类之最大能力，不过于被其宰割痛切时呼一声痛而已；一方则自信力亦极强，以为人生幸福，一惟己之志意、智慧、能力以为定，静以思，勇以行，而人情、义务、道德，绝对无所用其顾虑，权谋、术数、残忍、刻薄，实为人生成功之原。前者如《汉姆烈德》(《哈姆雷特》)，后者如《依耶哥》(《奥赛罗》)，则纯乎为现世思想之结晶也。

编者案，是章之末，本有西班牙文艺复兴之标题。当时讲师以事故乃略之。其实西班牙是时历史，关系至巨。盖东方文明，西班牙实承之。而美洲发见，亦为西班牙之事业。其画派，则继承伊大利威尼斯派而独立发展。文学上亦卓然放其南人情热之特征，而于法国十八世纪之文艺大有影响。惟编者以材料不备，匆匆出书，暂付阙如，他日有暇，更当续之也。

第七章 宗教改革（上）

太因氏于其《英国文学史》中有言曰，宗教改革与文艺复兴为一表一里，一正一反。质言之，则所谓同流而异趋，一本而二干是也。

所谓同流者，何也？曰由复古运动，而对于现状有所不安是也。希罗之文学美术，固藉古文派之勃兴忽发异彩，而原始基督教之主义精神，则亦藉古文而始显其真。其间最重要一事，即为《圣经》。《圣经》有翻译，而人人得直接于上帝，而教皇与教会，乃蒙其致命伤矣。

所谓异趋者，何也？曰同是复古也，一则复（耶稣以前）希腊罗马之古，欲以欧洲文化，返于偶像时代，此则文艺复兴也。一则复耶稣之古，欲以欧洲文化，返于原始基督时代，此则宗教改革也。然潮流之方向虽同，而其目标乃极端相反。则前者离宗教而入自然，崇现在，尊肉体；而后者，则尊未来，黜自然，以禁欲刻苦为事，而返之原始之真正基教也。

是故二者在智识范围内为兄弟，在道德范围内为仇雠。一以古文研究哲学科学（非宗教的），一以古文研究宗教，而研究之方法则相同。如加耳文（加尔文）之提倡宗教改革，而同时又为古文学之大师是已。

路德改革运动之发机，则实为文艺复兴之反动。盖亦可谓北欧对于南欧之奢侈纵欲之反动也。因北人向来关心于道德问题，重内观，近于宗教的神秘性，而反对审美自然主义也。

以加耳文（加尔文）与拉勃来［（拉伯雷）见上文法国文艺复兴节］二人之文学较，则二者之相反益可概见。前者反对肉体之快乐，以为人生最大自由，在对于上帝而牺牲其自由是已；而后者崇自然，以为至高道德云者，从心所欲之谓也。

　　吾于首章既述南人北人性质嗜好之偏尚，及希腊主义与希伯来主义之不同，则于宗教改革之原因，已得大概。兹不复赘。然题前犹有当先行叙述者，有二事：

　　（一）为当时宗教上之情形；

　　（二）为当时政治上之形势。

宗教上

（一）教皇

　　自加耳（查理）大帝以还，所谓帝（即神圣罗马帝国之首领）皇（即教皇）者或以利而合，或以利而争，扰扰者亘数世纪，迄十六世纪教皇之权既达极点。然内部之弱，与外势之张，殆用正比例之程度以进行。其著者有二事：

　　（甲）政治运动　政治运动，教皇外势之张之征也。然其原因实由于宗教势力之衰（十字军之失败，希腊教之西来，地方主教势力之扩大），则其内部之弱征也。

所谓"皇如日，帝如月"，所谓"王之王"，名则美矣，然充其极，变为人间一君主，而一般人之反抗日益扩大，其间亚历山大之不道德，尤为指摘之媒。

（乙）提倡美术　希罗派美术之勃兴，自宗教上之主义言，则致命伤也，而教皇乃提倡之，盖所以投时好以收拾人心也。藉其财力，穷侈极奢，以博一时之威严尊敬，而不知其表面之荣华，即自铲其势力之根也。

（二）《圣经》

自古文学之兴，而直接读《圣经》之人遂多。自《圣经》翻译印刷之后，流布益宏。于是发生两事：

（甲）原始教义与教会教义不相合（此种运动与清代汉学之兴绝相类，盖罗马教会自造其适于教会之教义以释《圣经》，有如功令之尊朱注也）。

（乙）教皇之穷奢极侈，与原始基教之刻苦贞节绝然相反。

（三）教会

中世纪之末，教会之淫逸奢侈，史家多能言之，而尤为腐败者，则莫如财政。其遭社会之指摘者约为下四种：

（甲）教税　先时教皇有时至法国，则筑离宫于亚米农 Avignon（阿维尼翁），费不支，乃征税于教民，后宫成而税仍不撤。

（乙）产业　管理教会产业者，须预缴一年收入于教皇；而管业者，复设法剥削教民以补之。有若今之包办税厘者，其流弊甚多。

（丙）赎罪费　人犯罪可朝教皇或捐款以免之后，不必朝教皇忏悔，但纳绢款可免罪。

（丁）赦罪券　纳一定之捐款，则可以免末日之裁判，而此种发卖乃委之银行，有若卖股票者然。

要之，帝皇相争以来，日耳曼之帝制既衰，罗马教皇之末日亦渐近，而其间各民族之国民感情发展，亦为其重要关键。十四世纪教皇入法以后，威信日益扫地，而皇位纷争，会议烦复，卒结果，而虎司 Jan Hus（胡斯）遂首创新说，虽遭焚刑，而人民之厌倦教会之声益著。迨路德之生，则正所谓山雨欲来风满楼者矣。

政治上

宗教改革之气运，几弥满全欧，而德国乃独首发难者，则政治上形势使然也。

（一）君主与诸侯

是时各国王权渐张，若法国藉国民之爱国心而扩充其王权，其尤著也。独德国则自帝政失败以来所谓帝者，仅一虚名，中央集权之势最弱，对于教皇无反抗之力，反结讬之以自固。故赦罪券贩卖，独盛于德国。然当时诸侯，既强有力，则就其地位言，自易倾于反对。故路德之创新说，各诸侯多予以同情，且是时国民自觉，既渐露其端，各诸侯渐有互集而为统一运动之势。此种运动，实继承帝党对皇党之恶感，故反对教皇，实于信仰运动中，参有爱国运动的分子。

（二）小贵族

德国武士中，有直参武士者，初颇与闻政治，而为大诸侯所压，颇郁郁不得志。及宗教改革之运动起，则大多数翕然从之，以反抗法王，藉以改组德国奏统一之事业。如西肯金 Sickengen（济金根）、虎登 Hutten（胡滕），其首领也。虽卒为大诸侯所摧残，而民心益趋向于此焉。

（三）自由市

中古自由市之发达，其继伊大利而起者，以德国为最盛。此种市民发达自商业。其眼界既宽，其目的多偏重于事实，故宗教仪式的迷信，逐渐减少，而自由之风气益盛。此亦声气上有倾向于新教之势在焉。

（四）农民

当时德国农民与地主，盖仍然为奴属关系，而农民间不平分子甚多。对于豪侈生活，尤形厌恶。其性质益纯乎有社会主义的色彩，故对于新教的革命，不仅同情，且有过激之感。

要之，宗教改革原因于北人之气质及内在之人生观者，固为其主要部分，而事实上其游行之所以速且远者，则政治上之权、经济上之利，二者实有以济之。盖先时"教会特使"之主教，颇足以掣诸侯之肘，而新教无教会，其教士专力宗教，与政治无丝毫关系。而诸侯之权，得藉之大张，有时且兼宗教政治而为之长，此各诸侯之权力地位上关系也。中古时代旧教有裁判权，而裁判之收入甚大，各修道院亦多产业。诸侯从新教得以收归裁判权及修道院，于政治财政，均有大利存焉。

附记

当时有摩顿派修道院之大长老，曰亚耳陪（阿尔贝特）者，脱离教会，娶妻生子，自成一贵族者，即五年前震撼世界普鲁士王室之祖，霍亨查仑氏也。

宗教政治上之形势既如彼，今当叙述者，则德国人文派发达之经过是也。德国人文派之发达，与伊大利不同者有数点。

（一）伊大利之人文派有贵族为之提倡，而德国之人文派不流行于贵族，而发展于学校是也。有 Enea Silvie（埃内亚·西尔维奥）者，人称为德国人文派之鼻祖，常言曰"彼（指贵族）好狗马，甚于诗人，故诗人亦如狗马之无声无臭以终"，此其愤激之情可想矣。盖北人而武，必为武粗可知也。故当时输入人文学说者，首在少年之学生留学于伊大利而归者，其归而尽力乃专在学校。

（二）伊大利之人文派，成一种民族的精神潮流，其势极猛，继续发展，几二百年，而当时之反抗者，其力甚弱。故其结果，虽反抗者，亦竟为时代思潮所席卷以去。而德国则人文派之流行，仅仅五十年，反抗之力甚强，新派卒不能胜，而潮流之趋向，乃逆入于宗教改革，而引起民族上绝大纷扰。

（三）伊大利之人文派，其势力及于国民全体，其功效及于全体之人生观。而德国之人文派，势力仅及学者社会，功效仅及于学问上关系。全国国民，及宗教问题发生，始全体有所动摇，其始则仅仅一部分事业而已。

（四）伊大利之人文派，则教俗上下均为同一之进行（教皇且首先奖励）。而德国则人文派自身，且分党派，或为国民的（即一派尊重伊大利，一派主张德国化），或为神学的，或为学问的。要之，保守与急进二者，于同一方向之内，为对抗的进行。惟其然也，故但丁于人文派之始，即为国民文学，留不朽之作；而德国最初则新文学颇受压迫，迫人文派转入宗教改革时代，始有路德之德译《圣经》，为国民文学之始。

德国人文派之发展，约可分为三期。第一期为神学的，第二期为学术的，第三期为论争的，其时间大约自千四百七十年，迄千五百二十年，五十年之间。

第一期　神学时代

中世纪学问首在教会，故古文之兴，亦藉神学以为始基。其在德国所谓人文派之先驱者，如鲁特 Luder（路德）等皆以牧师而兼教习，传布古文。惟因神学而研究古文，而古文中之非神学者，自不能不连类以及，而精神上自生一种矛盾之苦。初固不敢公然反抗也，而世界之可欲者，乃常来引诱其心，则或中途废辍，自以为藉此足以救灵魂之污者，或竟没身于寺院，以求离世而独立。此种事实，殆成为当时一般风气，此中代表，如亚其利古拉 Rudorx Agrikola（鲁道夫·阿格里科拉）1443-1485，其一例也。

第二期 学术时代

至此时代，则学问为教会专有之信仰已去，且更进一步，以为惟与外来境遇无关，而能以自由之精神研究者，始能深入神学问题之奥而有所得。是时研究范围益广，更由拉丁文进求而希腊，而希伯来，而地理，而历史。凡从前所谓知其然者，更进焉而求其所以然，而国民感情亦随之日益发展。自马西米良 Maximilian（马克西米利安）之鼓吹之提倡，诸侯学者，竞立学校，一以雪野蛮之名，一以对于他国民求同等之文化地位，而历史学之发达，实为国民自觉之基。盖第一期仅为内在精神，即习惯与新智识之战争；第二期则渐入对象，而启对外竞争之端矣。

第三期 论争时代

自第一期习惯与新智识之竞争，经第二期学问上深沉之探讨，至第三期乃渐一变其保守态度，而为攻击态度，其气焰益张，是时所争，盖不在表面之形式，而在精神发展之根本问题。而国民的情感，迄此时乃达最高度。前此以罗马为文化精神之中心者，一变而轻视为教皇之驻在地，再变而疾视为精神专制之策源地。昔时以教皇为神圣，为道德，今乃见其豪奢放纵，而嫌恶攻击之情乃益著。此则宗教改革之由来，盖亦积久始成，而非一时暴发者也。

教皇来翁（利奥）十世，人文学者之首领也，既即位则奖励文学美术，继儒略 Jule（尤利乌斯）二世彼得寺（彼得大教堂）之工，征图于拉飞耳（拉斐尔），工大而费不资，乃发行赦罪券，遂招物议，而为宗教改革之导火线。

赦罪券发行于德国者最多，盖北人信仰心坚固，而教皇之权亦较大也。而梅因只 Mainz（美茵茨）僧正［途迷纳庚 Dominikan（多米尼克）教会之首领］以得相当之回扣包办之，且委其事于银行，银行则纯以商业法，用招贴广告，受回扣，以奖励之，识者益大哗。

而首发攻击之矢者，实为马丁·路德。时路德为威丁堡神学教授，四年前以极诚意往罗马朝教皇，既至，见教会之淫侈，则大惊其腐败，归而郁郁，既而赦罪券行，则作文非难之。路德不属于途迷纳庚（多米尼克）派，教皇初以为此系教会中二派之争，未介意也。

以赦罪券争论之结果，则问题渐及于教皇本身，时路德在来伯且 Leibzig（莱比锡）大学，与教授爱克 Eck 开公开讨论会，遂宣言："教皇、宗教会议等，其言行决不能保其无过失，唯一之正确者，《圣经》而已。"则其势日甚，教皇遂下破门之令。方令之到，路德则大集其同僚学生，投其令于火，而宣言与教皇脱离关系。且公布其论文云，教皇决非耶稣之子，是为千五百廿年十二月十日事，而宗教改革之正幕开矣。

积薪既久，则星火可以燎原。路德之攻击赦罪券，星火之类也，而在德国，乃竟成燎原之势。上自贵族，下迄平民，无不信之。时帝国忽发生帝位问题，西班牙王加耳（查理）五世，欲利用教皇之势抗法而即帝位。于是有伏姆司 Worms（沃尔姆斯）会议，召路德与会，初意在调和，而路德确守其说不移，遂受废止保护之宣言。唯当召唤时，有担保旅行安全之约，遂护送至威登堡（维滕堡）而索逊公则保护之，匿之威登堡城内，路德于是时，乃从事以德语翻译《圣经》之大业。

加耳（查理）五世颇有雄心，故内招教皇之忌，而当时大诸侯及自由市，则藉国民自觉心理以反抗之，益表路德以同情。于是于千五百二十九年，司伯衰 Speger（施派尔）之会议，有五诸侯、十二自由市联盟，对于二十二年之决定书提出抗议。新教 Protestant 之一名抗议者自此来也。

千五百卅年，加耳（查理）五世既胜法军，乃于巴龙尼亚 Bologna（博洛尼亚）受教皇加冕之礼（此为皇帝最后之加冕式），归德，至奥斯堡 Augsburg（奥格斯堡），亲临帝国会议，以谋解决宗教问题。新旧教徒仍无妥协之望，议会遂决议排斥新教。而新教诸侯以索逊（撒克逊）公为首领，结同盟以自卫。时土耳其西侵，暂于奴恩堡（纽伦堡），结宗教会议，既而同盟失败，至千五百五十五年，始成所谓奥斯堡（奥格斯堡）宗教和议者，而新教遂得自由。迄十六世纪之末，则德国之大部及瑞典、那威（挪威），凡北欧诸国，无不改宗矣。

就德国之宗教改革言，则路德固为其主体；而就宗教改革全体之事业言，则应共举者有三人，曰马丁·路德，曰乌利·司文格 Wrich Zwingle（乌尔利希·茨温利），曰约翰·加耳文 John Calvin（约翰·加尔文）。

司文格（茨温利），瑞士人，少修业于维也纳，后为巴塞 Basel 大学拉丁文教授，治神学。既而为牧师，精《圣经》，而后感当时教会之说，与《圣经》原文多出入。千五百十八年，大反对赦罪券，既而为泚列许 Zürich（苏黎世）牧师，则盛倡新说，其言论较路德之说尤为合理的。归依者颇众，权势绝大，几有当市总统之观。既而与路德派相联合，欲于政治上有所改革。时法国常佣瑞士人以充兵，司文格（茨温利）以为人身买卖，大攻击之，故为邻州 Canton 所不喜，以武力迫之。千五百卅一年，战于加伯耳 Kappel（卡佩勒），司文格（茨温利）战死，其宗虽衰，而其学说则流布于瑞士颇广。

加耳文（加尔文）之历史，详前章。其教别成为加耳文（加尔文）派，则英法新教之祖也。初学法律，以倡异说不容于乡里，则逃至瑞士，至舍弥华（日内瓦）为牧师，大得市民之信用，遂为一市之主。司文格（茨温利）失败以后，其余党多归之。其教会之组织为共和的，其派盛行于德之自由市，及荷兰、苏格兰，后稍变其形，以成英国教会。

诸宗教改革家之地位学说，有其相同者焉，有其异者焉。

其相同者：（一）出身均微贱也。路德之父为工人，读书时曾沿途唱歌以自活，后得人助，始得毕业于神学科；司文格（茨温利）则乡间法官 Ammann 之子，加耳文（加尔文）为小商人之子。（二）脱离教会之动机，时日不大相先后也。路德于千五百廿年，司文格（茨温利）于二十二年，加耳文（加尔文）于卅二年。（三）同为革命的事业而皆以顽固自命也，共攻击教会也，非以其信仰过甚，实以其信仰不足。故皆排斥文艺复兴之艺术，以伊大利为怀疑过甚。路德且曰，上帝之言如以理性批评之，即为无信仰。（四）同为古文学家也，司文格（茨温利）为拉丁教授，路德译《圣经》，加耳文（加尔文）尤以古文学大家著。

至其关于宗教上之意见，则各不相同。路德之反对旧教也，为情感作用，其根据在良心；加耳文（加尔文）之反对旧教也，为理智作用，其根据在理论。太因氏谓路德之改革宗教，为良心之悲剧。

司文格（茨温利）、加尔文俱与闻政治运动，而路德则专事宗教，立政教分立之基。司文格（茨温利）颇有共和气味，而路德则颇近于专制。路德且不自认宗教革命，尤不主张政治革命。时日耳曼农民感于新教解放之学说，闻耶稣平等之义，与地主贵族颇有冲突。而路德乃斥之为疯狗，且曰："抵抗痛苦，为偶像主义。人生之痛苦，为上帝所赋予，当顺受之。"故后来农民，多遭残杀。

路德于末日裁判一事甚注意，且深思之，以为上帝是时必极公正，而吾侪种种罪恶实无法以自免。所可赖者，上帝之慈悲耳。故吾侪惟有一途可以自解，曰求上帝。求之云者，当直接动作，不必赖中间之绍介人物，如教皇教会之类。

路德以为罪也者，与有生以俱来，欲得赦免，惟在信仰。信仰在爱上帝（故为情感的），路德自言，信仰至诚，一日自觉更生，觉天堂之门为之开云。

司文格（茨温利）之宗教论则与路德不同。彼不信人类原始之罪恶，除信仰以外，以为人类苟能行善者，上帝亦必赦之，其致书法王佛兰昔（法兰西斯）一世，谓王得如荷马、苏格拉底同升天堂，盖皆基督教以前之罗马人也。彼以为自有人类以来，凡忠直勇敢、有道德者，俱得入天堂，而路德非之。

加耳文（加尔文）则深信人类原始之罪恶，以为人除为恶外，别无本能，惟其立说为论理的。加耳文（加尔文）与路德俱信人类之自拔，唯在信仰，不在其行为，且曰信仰者，人类与上帝之直接谈话也。上帝之言在《圣经》，而天主教之《圣经》注释，俱可不用。

攻击注释一事，路德与加耳文（加尔文）之意见乃相同，尝曰如有人言《圣经》意晦者，即当答之曰，天下未有明白晓畅如《圣经》者。

要之，宗教改革实为当时一大革命事业，举一千五百年以来之种种教会议式条例，为之一扫而空。如地狱、圣德、教皇与教会、弥撒、神像、圣母、圣迹等，凡福音所无者，一律去之，而余者为《圣经》与祈祷二事耳。

旧教以教士处社会上特别地位为上帝传教，故不得婚娶，而新教则谓教士地位与寻常人等，故可婚娶，此则其不同之大纲也。

第八章 宗教改革（下）

新教之流布及旧教之改良

南方人文派之兴，本沿多瑙、莱茵二大流以传播于全欧。多瑙河东流南下沿是域者，则入于德国之腹部。莱茵西折北向沿是域者，则由德之西部，而及于法，及于英。德之宗教改革，则路德倡之，而参以国民的自觉之意味。自奥斯堡（奥格斯堡）会议决定信教自由以还，新教徒之势力如日冲天，除南方一部分外，殆无一非新教者。英法之新教运动，则加耳文（加尔文）发之，而参以君主之政略作用，其运动经过之大略如下。

英王亨利八世 Henry Ⅷ 初自著书以驳路德，教皇乃加以护法 Defender of the faith 之美名。迨其后欲废嫡后而娶宫女安那·博来 Anne Bolegn（安妮·博林），教皇［以后为加耳（查理）五世之甥］尼之不许。于是于千五百三十三年，得议会之同意，与教皇绝，自为英吉利教会 Anglican Church 之元首。依自立的宗教裁判，与后离婚，且废寺院，没收其土地财产。故英之改宗，不独人民信仰上之关系，亦群众不满意于教皇之干涉，宗教之外又参以政略意味者也。

亨利八世虽与教皇断绝关系，然犹守旧教之教义，及其子爱德华六世 Edward Ⅵ 于千五百四十七年即位，则藉格喇姆 Cramnar（克兰默）大主教之辅佐，以新教之教义为精神，而仍参用旧教仪式典礼。是为英吉利教会之基础，亦盎格鲁索逊（盎格鲁－撒克逊）人种之保守改进同时并进的办法也。

其教义除以王为国教元首之外，大致皆从加耳文（加尔文）之说。迨爱利陪（伊丽莎白）女王以聪明果决之资即位，遂确定所谓三十九条者，而英吉利教会遂成立［爱利陪（伊丽莎白）为安那·博来（安妮·博

林）所生〕。旧教徒反对之，得西班牙之助，欲拥苏格
兰王马利，马利卒为爱利陪（伊丽莎白）所杀，迨英、
西大海战以还，而旧教之势力遂堕。

法王佛兰昔（法兰西斯）一世等，本与德国之新
教徒通声气，盖藉以抗德帝也。而对于自己境内之新
教徒，则待遇颇酷。即人文学派之健者，仅以文学侍
从之故，或特受保护，然有时且不能安居，亦以至于
为流浪生活，时加耳文（加尔文）派教徒名曰"优格
拿"Hŭgŭenots（胡格诺）盛行于法之南部。其中有学者，
有贵族，有实业家，不以政府之压迫为事，热心信道，
其势颇盛。迨加耳九世 Charles IX（查理九世）以冲
龄践阼，母后听政，对于新教徒稍持宽大主义，然其
原因乃不在教旨。盖王后忌基斯公爵 Duc de Guise（吉
斯公爵）之权重，乃联新教徒以抵抗之。新旧两派既
各有其后劲，而竞争乃日烈。遂有所谓优格拿（胡格诺）
之乱者，诸外国竞相干涉，英王则助新，西班牙则助旧，
扰扰者乃及数年。

加耳（查理）九世愤西班牙之干涉，举新教徒首
领哥利尼 Admiral Coligny（科利尼）为首相，且以其

妹嫁新教徒所奉之王室支派蒲蓬 Bourbon（波旁）家，且与荷兰同盟，备与西班牙开战。然母后又忌哥利尼（科利尼）之专权，欲暗杀之，不成，新教徒则大哗，索主谋者，后益怒且惧，遂转与旧教徒同谋，迫王署虐杀新教徒之令。此所谓圣巴德洛麻夜之虐杀 The Massacre of St. Bartholomue's nicht，全国新教徒之死者，凡三万人。

迨蒲蓬（波旁）家亨利四世即位，于千五百九十八年乃布所谓能脱令 Edicts de nautes（南特敕令）者，始许新教以自由。学校、法院等，新旧教有同等之权利，有集会之权利，而两教之纷争稍定。

英国为调和的改革，法国为互争的骚扰，而德国则以统一之事业未成，各国藉宗教问题之名，各欲发展其权利，遂以成三十年之战役。全德之元气为之大伤，其损伤经百年而始恢复。其结果，政治上，则各联邦各自独立，而所谓神圣同盟帝国者，遂为事实上之解散。于宗教上，则确立新旧两教得同等之待遇权利是也。其间以战争故，而双方残酷之性复现。旧教之攻新教也，以焚书为事；新教之攻旧教也，以毁坏文艺复兴之美术品为事。而两者各极其敝矣。

方旧教之敝而新教之兴也，旧教为因习，新教为独倡。自历史之演进言，则新教之势力，必日侵旧教而代之势也。然新教发展之后，不能利用其长于建设。而旧教转尽全力以革其弊。卒以得全，于是旧势复振，而新旧遂成对抗之势。是中消息固有可以研究者焉。

诸宗改革之祖，其主观皆至强固。盖举千年来习为神圣之习惯，而一旦破弃之，自非主观极强之人，安能为此？然因此而奏破坏之功，而建设之困难亦即在是，则以各宗主观之不同，而内部之轧砾日甚也。其间自信之强与度量之窄，尤以路德为代表人物。

爱拉司（伊拉斯谟），人文派之首领也，其攻击旧教之文章，深入人心，其“复归于耶稣”之主义，实为新宗之福音。而路德则以手段不同［爱拉司（伊拉斯谟）比较属缓进派），而詈之为“所有宗教之敌”。然犹曰，人文派与宗教关系较薄也。乃司文格（茨温利）则亦宗教改革之健将也，卒以面包问题而起极激烈之论争，乃迄于个人情感［面包问题者，即圣餐式之面包，路德宗旧说，承认面包为耶稣之肉，而司文格（茨温利）

则认为不过一种纪念]，比之为恶魔，喻之以毒蛇，不几其过甚矣乎。

故当时对于旧教之仪式，典礼之攻击，虽异口同音，及其欲自己制定典礼，则议论百出，各是其是，确执不相下，而至于争意见，闹感情，而转使旧教占渔人之利。如奥斯堡（奥格斯堡）宗教和议，路德派对于加耳文（加尔文）派执冷淡之态度，路德派得信仰之自由，而加耳文（加尔文）派则独否，是其例也。

新教之仪式至简易，故北人喜之，而南人则否。盖感情民族中仪式之庄严华美，实于宏通之效，大有影响，故英人有调和之法，而南方拉丁系之民族，如西班牙等，则仍信旧教不衰。

观于旧教之复兴——即至今日欧洲政治上之王室首领已仅保残喘，而宗教上之首领独得拥虚名以自固——乃知天下无不可挽之局势，无不可改之弊政也，亦视乎人而已矣。

当路德改教时，教皇左右即有一部分结合，讨论旧教改良方法，其名曰圣爱会 Lamaur divin，并欲与路德调和，千五百四十一年开会，聚新旧两方讨论之，大致意见相同，惟相差有三点：（一）教士娶妻；（二）废弥撒祭；（三）废圣。卒以不合而散。嗣后人知新旧之终不可合，于是着手改革，遂废种种敛钱诸弊制。

教皇之提倡文艺复兴也，本含有政治性质。盖中世纪宗教统一之势衰，欲以古罗马政治统一精神，再造欧洲之一统，而不知提倡美术，崇拜自然，适以自铲其教义也。迄路德之兴，始悟其非，然穷奢极欲之风，既自教皇始，则改革事业，亦必自教廷始。

于是有继来翁（利奥）十世而起者，有哈德林五世（哈德良五世），迄日比牙五世 Pie V，则力反前行，倡节俭，崇苦行，赤足行于罗马道上，为乞丐的生活。而各大修道院，亦各改其律，中以弗兰昔司教会为首，信忏悔可以金钱代者，实始于十一世纪时西门派教会，同时有克吕尼 Cluny 派则大反对之，是派规律森严，力倡苦行。至十三世纪，有乞食派，亦主苦行。是派又分二宗：曰弗兰昔司派，曰途迷纳庚（多米尼克）派。当教皇格来姆七世 Clément Ⅶ（克莱门特七世）时，弗兰昔司派又分一支流，曰甲必圣 Capucins（嘉布遣会），主张经营社会事业，与人民接近。

　　自千五百二十四年，迄千六百四十一年，新派之兴者，凡十有五。盖亦环境所迫，而自身不能不蜕变，以顺应时势也。其重要者，有载亚丹派，倡之者为加拉弗，主张生活之单简与纯洁，其教士俱用白履，以象征其所信。惟其教仅流布于伊大利。千五百六十四年有圣弗烈纳利St.Philippe de Neü（圣菲利普·内利）者，倡雄辩派，以慈善教育为主，大学问家俱从此出。

　　十六世纪为旧教复兴时代，其间"圣人"Saint代兴（其名略不记），而最重要之人物为圣侬克那司St.Ignace de Recalde（圣依纳爵），人称为洛欲拉Royola（罗耀拉），则耶稣会之倡始者。旧教得中兴以保存其势力者，实此会之功，无此会则教皇地位决不能维持迄现在也。

　　洛欲拉（罗耀拉）为西班牙之第八子，初为王之侍从武官。西法之战，受伤而跛。当其养伤时，读书颇多，而羡弗兰昔司及途迷纳庚（多米尼克）之为人，受其神秘主义之影响，欲效其为人。伤之愈也，供其武器于教堂，朝圣陵，自誓为耶稣之战士。归复读书，以途迷纳庚（多米尼克）为极大学问家，不见容于政府，驱之出境，至巴黎复求学，在蒙旦（蒙田）学校 College de Montaigne 者六年，与加耳文（加尔文）交。千五百三十四年，为巴黎大学之博士。当其求学时，已传布其主义，得同志者七人。千五百三十四年八月十五，在蒙马脱圣母堂 La Chapelle Notre Dame de Montmatre（蒙马特教堂）内，宣誓以感化回教及异教者自任，是为耶稣会之起点。

二年后，又朝圣陵，欲传其教于回人也。中途闻罗马有新十字军之举，遂归罗马。千五百三十七年十月，七人遂改名曰耶稣会 Compange de Jésus。名曰会，实含有军队之意也。后三年，教皇保罗三世乃承认之，至尤利三世 Jules III（尤利乌斯三世），则更奖励之，予以便利十条，会遂日昌。

耶稣会之宗教事业，一以军人精神行之。洛氏有言："世界者，上帝与魔鬼之永久战争也，故为上帝战，为人生莫大之光荣。"彼自认为上帝之军人，故以 A. M. D. G 四字为记号，拉丁文为 Ad Majorem Dei Glorian。

耶稣会之部勒一切以军法，与别种修道院不同，其冒险忍苦之精神甚著，其首领似专制君主，其下各有部，部各有长，阶级极严，以相统率。故普通僧人，须宣誓三：曰受苦，曰贞节，曰慈悲，而耶稣会则加一条，曰服从教皇。

其进会及修道时间方法，亦甚特别，其法每日以五小时默思，俾得观想宗教之真。在修道院功课毕后，须为无钱旅行，更须为仆，入病院为看护人，修行期共为十六年，始能宣誓入会为会员。其宗旨在严格锻练其精神及体魄，洛氏谓磨折身体如尸，而人始能复活。

以前之途迷纳庚（多米尼克）及弗兰昔司派，已渐与一般社会接近，惟其衣服尚特别，耶稣会人，则极端无居乡者。其服装与普通人同，惟领较高耳，其宗旨在感化上流社会人，以怀疑思想出于上流社会居多也。其实在事业：（一）说教；（二）忏悔；（三）精神生活之指示；（四）教育；（五）著书。

其规则之严，莫与伦比，而发展则甚速。千五百四十年仅十人，迄千五百五十六年（洛氏死时）有千五百人。此千五百人部勒为十二队，有六十八机关，中国、日本各有其一。

耶稣会极注意教育事业，千五百五十六年时，已有三十六学校，六千余学生，多收新教之贵族子弟，因功课教育极佳，故新教之上等社会人，俱愿送其子弟入学。然耶稣会目的，则一在藉其子弟以感化其父兄，一则利用其少年予以一种信仰之基础。其成效极大，德之南部及比国俱受其影响，迄今仍守旧教，此亦可见其作战方略之巧妙也。

耶稣会视学校为信仰之要塞。而对于德国尤为注意。千五百五十一年，立维也纳学校 College Vienn；千五百五十五年，立伯拉格学校 College de Plaque（布拉格大学）；千五百五十六年，立恩格市学校 et d'Ingolstadt（因戈尔施塔特大学）。

其势力在法国较小，千五百六十四年始入巴黎，倡一学校，迄今为全法国一大中学 Le college de Clêment，在今为 Lycie Luis le Grand（路易大帝中学）。耶稣会教育事业之影响于法国则甚大，学校之分班、给奖、编制教科书等制度，均由该会之学校倡之，迄今风行世界矣，其教育目的在品性及知识之陶冶，其功课为拉丁文及算学，现今大学分文理二科者，盖犹沿此制也。

忏悔事业，亦耶稣会所注重。因教士均有学问，通人情，礼貌、修辞均极佳，故人群趋之。乃至良心问题，亦有就正于教士者，因此人多攻击之。

西班牙一审判官以两造俱理直，而一造肯送贿，乃以之询之教士，谓可否直其送钱者。

耶稣会无国界，故各国政府多反对之。有驱之、有虐待之者。其实该会藉其秘密团结之力，颇阴与时政，故遭忌独盛也。《归潜记》有记耶稣会之组织及阴谋者，兹摘录为参考：

> 会中以教皇为一统之君，分地球各国为数省，省立一长，省长中公举一人为会长，权几埒于教皇，左右置辅相四人。每省又分为数堂，堂立一长，堂长又分遣数人为教长。每七日教长、堂长均胪陈逐日所行事于省长，不得以无事旷。省长每月书答亦如之。各省长又月报所行事于会长，各教长、堂长亦三日一报，径达会长，恐省长之惰也。会长详叙各长之出身、才具、学术及历来行事于

册，备因事任使……会中防范綦严，即厮养卒亦
必用久在会中之人。方洛氏死时，入会者千余
人，而设四誓，预秘谋者不过三十五人，分地球
为十四省，建院百所，德帝、葡萄牙王族、巴威
耳公，均助以巨资。时欧洲人民多信新教，君主
多信旧教。会中意尤在收君主之心，谓姑先伸君
权以抑民，然后再伸教权以抑君，而天下权尽归
教中掌握矣。各国君主左右，无不有会中人时监
察之，使君主日以所犯罪恶自陈（即忏悔事业）。
一千六百十六年，会势益盛，分地球为三十九省，
入会者千五百九十三人，建大学四百六十七所。
立传教根据地六十三（徐家汇即其一），置产贸
易遍天下，法王亨利三世、四世均为所暗杀，法
人恶而逐之，但不久复归。三十年战争时，旧教
各国亦厌兵，而会中人实有所持而促之者。旧教
有将军瓦连士典 Wallenstein（华伦斯坦），名将也，
抱统一德国意亦有息战议，会中遣人刺杀之。凡
所阴谋，有法人柏斯克尔（帕斯卡尔）叙述成书
传也。

耶稣会成功，尤在南美与亚洲。南美且以宗教故，自立一国，有教士在印度倡一学校，为东方名校之模范地。各教会至印度，皆传道于下流社会，而耶稣会则传道于婆罗门。

在亚洲以科学、医学为武器而占势力，故当时颇有上流社会信之者。而别派妒之，劝教皇更派别派往，手段品性俱不佳，遂发生种种冲突。

教皇既有耶稣会，倾其全力以保护之。而同时旧教教义，亦大有所改革。其关键为脱朗得大会 Caucile de Trente（特兰托大会）。当路德之反抗旧教也，新教诸侯主张开大会以决之，定千五百二十二年开会，而是时战事叠兴，延至千五百四十五年始开。时新教势力已大盛，故不肯出席，列会二百五十人，皆宗旧教者也。大多数为伊（意）、德二国人，中复以战争停滞十八年，其会议结果，则维持教皇而改革义律。

关于教义者（以新教不出席，故全场排斥新教），《圣经》以四世纪时圣叶洛姆 St. Jerôme（圣杰罗姆）自希腊文译成拉丁文者为定本，注释继续有效；祈祷仍用拉丁文；弥撒及圣餐等仪节，均从新认定之。集各教义为脱朗得大会（特兰托大会）信仰之表示，宣布于各君主，各君主均承认之。

关于教律者，则有学校制度，教正驻在地及年岁限制，强迫用拉丁文等条例。而各君主多不以为然。能实行者，仅伊大利及奥地利耳。

脱朗得大会（特兰托大会）以其决议案送之教皇。中古时代，大会所决议者，不必经教皇认可，以为大会之权在教皇上。而此会则承认教皇为最高主体，亦旧教自固之一策也。

要之，新教以主义胜，而建设时多意见。旧教以纪律胜，能自革其弊。故新旧两教卒卓然对立，然亦原于民族以环境之故，好尚趣味各有不同，而信仰亦随之以变也。

第九章 结论

文艺复兴之结束

文艺复兴之运动，至何时止？史家亦不得断言之矣。盖立义之范围有大小，则时代之区划亦各有其不同。然其大较可得而分言之者有三义：

（一）自伊大利之发祥地言，即就文艺之至小范围言，则当以罗马大掠为文艺复兴衰歇之期。

（二）自全欧之文学美术方面言，则当以文学古典派 Classique 之成立，为文艺复兴之蜕化反动期。

（三）自人类之思想文化全体言，则当以法国大革命为文艺复兴潮流之一大段落。

今试略论其大纲，以为本文之收束。

伊大利之文艺发展，始于各州，而最后则集中于罗马，则教皇以大力提倡之功也。而极盛期乃在来翁（利奥）十世。迨宗教改革之反动起，教皇渐悟其失策。来翁（利奥）十世既卒，继之者为哈德林六世 Hadrian VI（哈德良六世）。哈德林（哈德良）者，荷兰人也。在罗马人目光中，则日耳曼——野蛮人——也！则力反来翁（利奥）之所为。黜华奢，尚俭朴，视美术文学不惟为不足道，且以为与教宗有害。而罗马——全伊大利——之人文派，则群起而讥之。于其卒也，乃饰其医生之门以为祝。文艺复兴之势，稍稍衰矣。

及格来孟七世 Clement VII（克莱门特七世）即位，而人文派有复振之机，乃不知因此转成大乱也。格来孟（克莱门特）系出梅提西（美第奇），则固佛洛兰（佛罗伦萨）市提倡美术之名门也，时人固以为梅提西（美第奇）精神尚在，而向之为日耳曼人所蹂躏而衰落之学术，当因此而复振也。格来孟（克莱门特）固有此志，然其政略作用则大绌。卒与德帝起冲突，而德帝则乘巴维亚Pavia（帕维亚）之胜，侵入伊大利，遂大掠罗马，而二百年来文化之花，遂为极野蛮之暴雨狂风而零落。呜呼！亦可伤已。

千五百二十七年五月六日，侵掠军入罗马，市民之死于是难者凡六千人。全市各寺院各宫，无不遭劫，一部竟付诸大火。而学问家、美术家，均以是难而星散，不可复合。人文派首领爱拉司姆（伊拉斯谟）曾叹息道之，曰："罗马之亡，非罗马市民、伊大利人民之损失，而全人类之损失也。"可谓极其惋惜之致矣。

自是以还，伊大利文明遂以消歇，而不复振。外在之原因，则政局之复杂，异族之压迫，实有以致之；而内在原因，则亦复古之流弊也。伊大利之复古多模仿性（参照一、三两章），而文艺复兴时代诸大艺术家超伦绝群之作，有足以使后人起畏葸心者。故官学派Academic兴，孳孳于前人之技巧，而不能求之于自然之活泼天地中，卒丧失其独创之力，沉沦迄数百年之久也。

伊大利之文化既遭兵燹而衰，而日耳曼之人文运动，初则逆入于宗教改革，再转而入宗教战争，三十年之役，人民救死之不暇，遑言文化乎。一战之伤，元气可以迄百年而不复，甚矣兵之祸人也。

迄十八世纪之中年，乃有所谓新人文派者，其实名曰新，而在德国，不过为爱拉司姆（伊拉斯谟）、勒许林（罗伊希林）之继承者耳，其首领则温格孟Winckelmann（温克尔曼）其人是也。少年苦学得保护者，始获游罗马。千七百六十四年，著《古代美术史》，始著名，其史名曰美术，实一文明史也。且以为希腊文化当取之，以为孕育新文明之助，而不当从事于模仿。

此后，时德国古典派巨宗瞿提（歌德）实本此精神，开日耳曼文明之局。瞿提（歌德）之旅行伊大利，亦文明史上一大事实也。故德国文艺复兴，自勒许林在罗马听拉丁文讲义之日起，迄福斯得（浮士德）与希拉纳（海伦）结婚生子之日止，始告一段落[瞿提（歌德）《福斯得》*Faust*（《浮士德》），戏曲第二集中之假想的事实也。希拉纳Heléne（海伦），希腊之美人，福斯得（浮士德）藉魔力招其魂，睹其美，遂与结婚生子，人谓此瞿提（歌德）言德国文明与希腊文明合化之象征]。

以兵燹故，伊（意）既早衰，德复缓进。而当时之幸运者，则独有一法国。法于是时，内政既修，祸亦不及，故当其初，虽不能尽调和南北之大任，而及其后则独能绍文艺复兴之统，使之为秩序的发展，故论十七、十八世纪之文明者，必以法国为中心也。

法人富于情，而同时又长于知。文艺复兴之弊也，现世享乐、物质、个人主义大盛，而放僻、骄奢、残忍、阴险等恶德，相随而来。莎士比亚文集中之依耶哥（奥赛罗）非理想的，当时盖实有此徒也。德人重志意，故宗教改革者路德之攻击，克之以志意者也。而法人则长于理知，故蒙旦（蒙田）进之以中庸之说，则为相对的调和，导之以理性者也。于是理性与感情，求其得平均之致，而成法国之古典派文学。

故文艺复兴诸思潮中，独重智一端，其流较诸自他各种为深、为阔。而复古之顺序，昔之由拉丁而进求希腊者，今乃退转焉，自希腊而变为拉丁化。当时博学者司加利其 Julis César Scoliger（尤利乌斯·凯撒·斯卡利杰）著《诗学》，且公然言罗马诗人较希腊诗人为上。盖拉丁文以庄重洗练、明晰严肃见长，与主智主义适相吻合也。而其内在之精神，则在明识而得事物之中，正所谓常识者是也。

自古典主义之极盛，而习惯先例仪式之风炽，理智之过也。则情感自不能稍抑，而反动继之，则有浪漫派，则主情者也。再过再转而有写实派，有新浪漫派，同时于美术则有官学派，而转入印象派，有若波浪然，成一起一伏之形。亦自然之势，不能免者也。

故自文艺上言，则以各国古典派之成立，为文艺复兴潮流之一段落，亦区划上之正当者也。

人类曷为而有复古运动？曰：对于现状求解放也。复古者，解放之一种手段也。人类对于现状则曷为而求解放？曰：以其有所不足，而思改造之也。解放者，改造之先声也。虽然，此不足之原因又何在？则个性是己。个性之于环境也，时时有冲突，时时求调和，此冲突调和之史实，则名之曰文化。是故文艺复兴也，宗教改革也，其根本之精神实发生于个性之自动，而中古时代之团体生活、牺牲精神，至是乃告一段落。

个性之流，滔滔焉迄于今未有已。而求之历史上之最高潮，则法国革命是己。曰自由，所以明个性之内质也；曰平等，所以明个性之外延也；曰博爱，所以律个性与个性之关系也。法国革命者，自思想自由而入于行为，自由之第一步也。自是以还，虽有国家主义之发生，于个性发展上不无影响，然层层铁甲终不足以抗历史之大潮，欧战之兴，联军之所以制胜之主因，则此个性之势力为之也。

故就人类全体之文化言，则当以法国革命为文艺复兴潮流之最后段落。盖自行为之自由发其端，而世界乃别开生面矣。

读者于此书中，当曾发见疯狗二字，此则于近世史上，当特别注意者也。法国革命求政治组织之改革、政治上之自由也，今当进求经济组织之改革矣，而其源实远发自宗教改革时之德国农民。吾今举当时农民之言，以为吾书之殿。

亚当耕，夏娃织，
于斯时也，谁为农民？谁为贵族？
一切众生，平等无差别！